盛山流 算数授業 のつくり方
8のモデルと 24の事例

思考力を伸ばし子どもを夢中にさせる授業を目指して

著者 盛山隆雄
筑波大学附属小学校教諭

はじめに

子どもが「先生，もっと算数をやりたい！」と言う授業を目指して

　教師は誰もが，子どもが夢中になるような授業を求めていると思います。しかし，教材研究をする時間が取れない，教科書の内容を終えないといけない，など様々な制約があって，なかなか子どもの知的好奇心を満足させるような授業ができていないのが現状だと思います。

　本書は，そのように忙しくても，楽しくて分かる算数の授業をしたいという先生に捧げるものです。私が今までに算数の授業を創るときに考え，授業研究会等で実践したアイデアを整理し，授業の創り方を8つのモデルにまとめました。どのモデルも多くの実践者に一定の評価を得た授業方法の型です。その8つのモデルは次の通りです。

　1．くじ引きモデル，2．問題隠しモデル，3．既習から未習へ発展モデル，4．きまり見つけ1，2，3提示モデル（ワン ツー スリー），5．きまり見つけ事例収集モデル，6．拡張・一般化モデル，7．ゲーム問題発見モデル，8．ミスコンセプションモデル。

　例えば，「くじ引きモデル」は，学年や領域を問わず子どもの関心を引きつけ，クラスのみんなで盛り上がりながら概念獲得をすることができる授業方法だと思います。「きまり見つけ1，2，3提示モデル」は，帰納的な考え方・見方を育てる授業方法の原理をシンプルに示しています。私は，今でも授業を創るときにはこの8つのモデルを頭に置いて，どのモデルに落とし込んで授業を構成しようかという思考をしています。

　それぞれのモデルにはいくつかの実践事例を付けています。合計24の事例を通して8つのモデルを理解していただきたいと思います。そして本書が，みなさんが子どもと素晴らしい授業を創るためのお役に立てれば幸いです。

筑波大学附属小学校教諭　盛山　隆雄

盛山流 算数授業のつくり方 8のモデルと24の事例 目次

はじめに	3
第1章 「授業モデル」とは何か	7
第2章 「授業モデル」を生かした授業の創り方	13
第3章 盛山流算数授業　8のモデルと24の事例	19

モデル1　くじ引きモデル — 20
授業事例
- 2年　三角形と四角形(三角形の意味と性質の理解) 導入 — 22
- 2年　分数(簡単な分数($\frac{1}{2}$)の判別) 導入 — 26
- 6年　拡大図と縮図(拡大図と縮図の意味と性質の理解) 導入 — 30

モデル2　問題隠しモデル — 34
授業事例
- 1年　繰り下がりのあるひき算(繰り下がりのあるひき算の計算の仕方) 導入 — 36
- 2年　かけ算(かけ算の意味の理解) 導入 — 40
- 4年　大きな数(「億」の単位の意味の理解) 導入 — 44

コラム　聴く力，訊く力を高める　―授業力，学級経営力を高めるために知っておきたいこと― — 48

モデル3　既習から未習へ発展モデル — 52
授業事例
- 3年　小数(小数の意味と表し方) 導入 — 54
- 5年　小数のかけ算(整数×小数の計算の意味の理解) 導入 — 58
- 5年　面積(三角形の面積の求め方の理解) 導入 — 62
- 5年　割合(割合の意味の理解) 導入 — 66

モデル4　きまり見つけ1・2・3提示モデル — 70
授業事例
- 1年　繰り下がりのあるひき算(繰り下がりのあるひき算の練習) 習熟 — 72
- 3年　かけ算(2桁×2桁のかけ算の練習) 習熟 — 76
- 4年　わり算の筆算(3桁÷1桁のわり算の練習) 習熟 — 80

コラム　サッカーの指導者から見た日本の子どもたち — 84

モデル5　きまり見つけ事例収集モデル — 86
授業事例
- 2年　たし算の筆算(2桁＋2桁のたし算の練習) 習熟 — 88
- 3年　ひき算の筆算(3桁－2桁のひき算の練習) 習熟 — 92
- 3年　あまりのあるわり算(九九1回適用のあまりのあるわり算の練習) 習熟 — 96
- 5年　分数のひき算(異分母分数のひき算の練習) 習熟 — 100

モデル6　拡張・一般化モデル — 104
授業事例
- 5年　ともなって変わる量(きまりを式に表す仕方) 導入 — 106
- 6年　文字と式(場面を式に表す仕方) 導入 — 110

コラム　クラスのすべての子どもに，先生はぼく(わたし)のことが好きだ，と思わせる教師を目指して — 114

モデル7　ゲーム問題発見モデル — 116
授業事例
- 5年　倍数(倍数の意味と性質の理解) 導入 — 118
- 6年　資料の整理(2つの資料のちらばりの比較の仕方) 導入 — 122

モデル8　ミスコンセプションモデル — 126
授業事例
- 1年　10までの数(1対1対応による個数の判断) 単元内 — 128
- 3年　分数(分数の意味と性質の理解) 導入 — 132
- 5年　単位量あたりの大きさ(混み具合の比較の仕方) 導入 — 136

コラム　大使の言葉　―算数・数学は何の役に立つのか― — 140

あとがき — 142

逆引き 学年別授業事例さくいん

1年
- 10までの数(1対1対応による個数の判断) 単元内 ミスコンセプションモデル …… 128
- 繰り下がりのあるひき算(繰り下がりのあるひき算の計算の仕方) 導入 問題隠しモデル …… 36
- 繰り下がりのあるひき算(繰り下がりのあるひき算の練習) 習熟 きまり見つけ1・2・3提示モデル …… 72

2年
- たし算の筆算(2桁＋2桁のたし算の練習) 習熟 きまり見つけ事例収集モデル …… 88
- かけ算(かけ算の意味の理解) 導入 問題隠しモデル …… 40
- 三角形と四角形(三角形の意味と性質の理解) 導入 くじ引きモデル …… 22
- 分数(簡単な分数($\frac{1}{2}$)の判別) 導入 くじ引きモデル …… 26

3年
- ひき算の筆算(3桁－2桁のひき算の練習) 習熟 きまり見つけ事例収集モデル …… 92
- あまりのあるわり算(九九1回適用のあまりのあるわり算の練習) 習熟 きまり見つけ事例収集モデル …… 96
- かけ算(2桁×2桁のかけ算の練習) 習熟 きまり見つけ1・2・3提示モデル …… 76
- 小数(小数の意味と表し方) 導入 既習から未習へ発展モデル …… 54
- 分数(分数の意味と性質の理解) 導入 ミスコンセプションモデル …… 132

4年
- 大きな数(「億」の単位の意味の理解) 導入 問題隠しモデル …… 44
- わり算の筆算(3桁÷1桁のわり算の練習) 習熟 きまり見つけ1・2・3提示モデル …… 80

5年
- 小数のかけ算(整数×小数の計算の意味の理解) 導入 既習から未習へ発展モデル …… 58
- 倍数(倍数の意味と性質の理解) 導入 ゲーム問題発見モデル …… 118
- 単位量あたりの大きさ(混み具合の比較の仕方) 導入 ミスコンセプションモデル …… 136
- 分数のひき算(異分母分数のひき算の練習) 習熟 きまり見つけ事例収集モデル …… 100
- 面積(三角形の面積の求め方の理解) 導入 既習から未習へ発展モデル …… 62
- 割合(割合の意味の理解) 導入 既習から未習へ発展モデル …… 66
- ともなって変わる量(きまりを式に表す仕方) 導入 拡張・一般化モデル …… 106

6年
- 文字と式(場面を式に表す仕方) 導入 拡張・一般化モデル …… 110
- 拡大図と縮図(拡大図と縮図の意味と性質の理解) 導入 くじ引きモデル …… 30
- 資料の整理(2つの資料のちらばりの比較の仕方) 導入 ゲーム問題発見モデル …… 122

第1章

「授業モデル」とは何か

「授業モデル」とは何か

（1）自分の授業をふり返ることで生まれた「授業モデル」

　筑波大学附属小学校に赴任して9年目を迎えます。昨年度，他校の校内研や算数の研究大会などで行った研究授業は，30本にのぼりました。そのほかにも附属小学校の性格上，国内外から研修に来られる先生方に授業を公開することが多いのですが，それを含めれば50本を超える算数授業を1年間に公開しました。もちろん，公開する授業だけ大切にしているわけではないのですが，毎回少しでも子どもたちが夢中になるような授業を見てもらいたいと思って取り組んでいるのは事実です。

　あるとき，私の授業を見た先生方から，「どうやってこの教材を考えたのですか」や「どう考えて算数の授業を創っているのですか」といった質問をいただきました。それがきっかけとなり，自らの算数授業との格闘をふり返って，一体自分はどのように考えて授業を創っているのだろう，と自問するようになりました。

　そして，紙に書き出してみたのですが，意外にもいくつかのパターンがあることに気が付きました。パターンというのは型のようなもののことで，教えたい内容を自分の考えるそれらの型に落とし込むようにして授業を創っていたのです。本書で「モデル」といっているのは，この型のことです。

　ここで念を押しておきたいことは，モデルをつくろうと思って算数授業を創っていたのではないということです。ある意味では求道者のように「よい算数授業」を求めて奮闘した結果，いつのまにか見えてきた形です。車が走りやすい道や最短の道を通ることを繰り返すことで轍ができるように，自由な実践に取り組み修正を繰り返す中で，自然にモデルらしきものが浮き彫りになってきました。

　また，私の算数授業は，筑波大学附属小学校算数部の先輩方から学んだことが多く，今自分があるのは，先輩のお蔭といっても過言ではありません。今回紹介するモデルも先輩の影響を少なからず受けています。

　余談ですが，筑波大学附属小学校には，職員室がありません。代わりに，各教科ごとの準備室（研究室）があり，そこに自分の机や本棚をもっています。毎日，「おはようございます」と言って顔を合わせるのは，算数部のメンバーです。放課後仕事をするのもこの部屋ですから，算数部のメンバーと多くの時間一緒に過ごすことになります。そのときの先輩と話す時間は大変貴重でした。そのまま外に出て飲み会になることもしばしばありましたが，無駄な時間と思うことは一度もありませんでした。飲んでいても，真剣な算数の話を聞くことができたからです。

（２）成長する「授業モデル」

　本書で紹介する授業モデルは，8つです。モデルというからには，1モデルに対していくつかの授業事例が対応する必要があります。1つのモデルで1本の授業しかできないのでは，それはモデルとはいえません。それでは，単なる事例紹介になってしまいます。多くの領域，学年をまたがって応用できることで，初めて授業モデルといえるのだと思います。

　そのような意味をもつ授業モデルですが，最初から決まったものはできませんでした。修正を繰り返し，徐々に成長しながらできていったものがほとんどです。

　例えば，本書で紹介している「くじ引きモデル」という授業の仕方は，最初は，一度くじを引いてその結果から議論をしていく展開でした。しかし，途中から，一度くじを引いて議論した後に，二度目のくじ引きをすることで，議論を洗練していく展開にしたら，より子どもの発見を生かして教えることができるようになりました。これは，授業研究会の協議会でご意見をいただいて修正したものでした。

　以下は，私が二十代のころに行っていた授業構成の1つです。教科書を使った1つの授業モデルといってよいものです。

---

1. 教科書の文章題を全員で声に出して読む。
2. ノートに問題を写す。
3. 大切なところや訊いていることに線を引く。
4. 教科書を閉じて図にかいたり，式に表したりする。
5. 全体の場で発表する。
6. 答えが正しいか，どの考えが簡単か検討する。
7. 教科書に紹介されている考えと比較してみる。
8. まとめる。

　このモデルに当てはまる授業内容はおそらくたくさんあるでしょう。また，このぐらいのモデルの抽象性があれば比較的簡単にこのモデルで授業を創ることができると思われます。

　しかし，次に考えることは，このモデルに落とし込んだ授業が，果たしてよい授業となっているか，ということです。私は，この授業構成からスタートしましたが，1つ1つ修正を加えて進化させていきました。進化させるときには，自分が目指すべき授業の姿を思い描く必要があります。どんな子どもを育てたいのか，どんな算数授業を創りたいのかといった哲学です。その自分の算数授業観に照らして授業モデルを改善し，自分流の授業モデルを創ることが大切だと思います。

　私の授業改善の観点をいくつかご紹介します。

① 子どもを夢中にさせているか。

　子どもの興味関心を引くためには，問題提示の工夫が必要です。子どもの知的好奇心をくすぐったり，意外性のある問題が登場したりするか。また，適度なハードルがあり，自分の力で解いてみたいと思わせるような設定になっているかなど，様々な問題提示の工夫が子どもを夢中にさせます。

　子どもの情緒的な側面に働きかけ，子どもの意欲を喚起することは，算数に限らず大切なことです。算数が「できる」「分かる」だけでなく，ぜひ「算数が好き」という子どもを育てたいと思います。

② 子どもに何を考えさせるか。

　漠然と授業をしていても，確かな思考力を育てることはできません。その授業でどのように考えることをねらうのかを明確にすることが必要です。例えば，帰納的な考え方を育てることをねらいにするのであれば，その考え方がしやすい状況を作ってあげることが大切です。帰納的な考え方は，多くの事例からきまりを見つけて問題解決に生かす考え方ですから，まずは事例が集まるように授業を展開します。

　子どもにどのように考えさせるかを考えることが，授業モデルを考えるときにも重要な観点となります。

　例えば「既習から未習へ発展モデル」では，既習の内容を同じ問題場面の中で扱うように工夫することで，未習の内容を考えるヒントを得ることをねらっています。それは，分かっていることを基に理由を説明する演繹的な考え方や，似寄りの問題と同じように考えてみようとする類推的な考え方を期待してのことです。

③ 子どもが理解できているか。

　概念を理解させるには，正しい概念と，それに似ているけれども異なるものとの比較が必要です。子どもが経験的にもつ思い込みや誤ったイメージのことをミスコンセプション(誤概念)といいますが，このミスコンセプションを生かしてコンセプション(正しい概念)を得る授業モデルを提唱しています。

④ 子どもが表現できているか。

　子どもが表現したくなるときは，どういうときでしょうか。大人でもそうですが，何かを発見したとき，何かに気付いたとき，自分の思っていることと人の思っていることが違ったとき…など様々です。

　表現力を育てるには，まず子どもが表現したくなる場面を作るように努力すべきです。子どもの表現意欲に根差した数学的な表現力を育てることが算数では重要なのです。

　例えば「ゲーム問題発見モデル」では，楽しい活動やゲームをする中で，考えるべき問題を子どもが発見するという授業モデルです。問題を与えられるのではなく，自分たちの活動の

中に問題を見出していくので，子どもは発見したことを表現したくなります。
　「問題隠しモデル」もそうです。考察の対象を見せないでいると，児童は一体何が隠れているか知りたくなります。少しだけ見せたり，一瞬見せたりすることで，分かったこと，気付いたことを言いたくなります。

　このように，紹介する8つのモデルは，授業をよくしたいという問題意識からできています。また，実践を積み重ねる中で，進化しているものでもあります。
　ほかにも授業改善の観点はありますが，紙面の関係からすべてを紹介することはできません。ただ大切なことは，自分の理想とする授業をもつことだと思います。「これだ！」と思う授業に出会うことが，意識改革，授業改革の強力な原動力になります。

(3) 自分の実践を大切にする

　本書では，24事例を紹介しています。1本1本の授業からは，その授業を創るまでの苦労や子どもが喜んで学んでくれた笑顔が見えてきます。私にとって，かけがえのない大切な授業事例です。私たち現場教師は，理論を知ること以上に，目の前の子どもと1本の授業を創ることに汗を流すことが大切です。
　だから，自分が行った授業実践は大切にしましょう。できれば記録を取るなどして，反省すべき点は反省し，洗練させていくことが大切だと思います。
　この1本1本の授業事例は，世界で1つしかない子どもとのドラマであり，教師としての誇りです。

第2章

「授業モデル」を生かした授業の創り方

「授業モデル」を生かした授業の創り方

　8つの授業モデルを生かしてどのように授業を創るかについて説明したいと思います。
　そのためには、1つ1つのモデルを取り上げて、なるべく具体的に語るのがよいと思いますので、以下本書で紹介する授業モデルの順に授業の創り方について述べます。

(1)「くじ引きモデル」の授業

　このモデルは、主に効果的な概念指導をねらっています。3つの事例では、2年「三角形と四角形」の概念指導、2年「分数」の概念指導、6年「拡大図と縮図」の概念指導を紹介しています。
　「くじ引きモデル」は、ある対象物をくじ引きによって2つ（AとnonA）に分類し、その2つの集合を吟味することによって、正しく豊かな概念を身に付ける指導方法です。
　くじ引きモデルの特長は、考察の対象を指導者があらかじめ用意しておくことです。子どもがつくったものだと、なかなか整理しきれない場合があるのですが、くじ引きは授業者の意図がかなり反映できます。また、分類についても「あたり」と「はずれ」は授業者が決めておけます。分類がぶれることがありません。これでは、子どもが分類したことにならないと批判を受けそうですが、そうではありません。子どもは「あたり」を目指して引きますので、「あたり」が2つ3つと出ますと、子どもはその「あたり」を観察して同じ特徴（観点）をもつものを引こうとします。このとき、子どもは分類活動をしていると考えることができます。
　「あたり」の集合が、その時間に教えたい概念をもつものとすれば、子どもが「あたり」を引くときに、なぜそれを引きたいのか教師が理由を尋ねることで、その特徴を言語化していくことができます。このような方法で、子どもの言葉を生かして概念を教えることができるのです。
　何よりくじ引きは、子どもの心を引きつけます。算数をおもしろいと思ってくれます。これも「くじ引きモデル」の大切な長所だと思います。
　この「くじ引きモデル」を使える授業は、ほかにもいくつも考えることができます。例えば、線対称と点対称のくじ引き、倍数や約数のくじ引き、偶数と奇数のくじ引きなど、考えれば本当に多くの内容の指導で使えるのです。

(2)「問題隠しモデル」の授業

　このモデルは、問題を隠すことで、子どもが考察の対象に働きかけ、対象を数理的に把握しようとする態度を引き出すことができます。子どもの関心意欲や表現意欲を引き出すとと

もに，ねらいを効率よく達成するのに効果がある授業モデルです。

3つの事例では，1年「繰り下がりのあるひき算」，2年「かけ算」の導入，4年「大きな数」を紹介しています。

例えば，「かけ算」の導入の事例では，箱に入ったおだんごがあるという想定で，箱を上から見た図を出します。箱のふたを開けていったときに，中のおだんごの数が分かったら合図を送るように子どもに指示します。たいていの場合，ふたを全部開けなくても右図のように開けた段階で，子どもたちは「分かった」と言います。

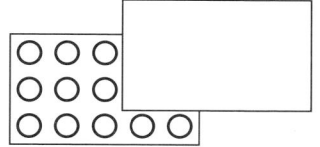

考察の対象を少しずつ見せることで，中のものがどういう並び方をしているのか，どんな特徴があるのか，どんな構造になっているのか，といったことを考えさせることができます。この場合の「隠す」は，考察の対象に働きかけ，対象を数理的にとらえようとする子どもの姿を引き出すことがねらいなのです。

問題を隠すことは，数学的な思考や数学的な表現を子どもから引き出すのに役立つ手法です。

(3)「既習から未習へ発展モデル」の授業

このモデルは，1つの授業の中に既習と未習の内容を両方組み込む授業モデルです。多くの子どもがスムーズに未習の学習に挑むことができるように，既習から未習の内容へ自然に発展できるように問題を工夫しています。

本来ならば，未習の問題からスタートし，その問題を解決するために今までに学習したことを想起して考えていきます。しかし，未習の問題からスタートすることで，どのように解いてよいか分からず，結局教師のアドバイスを待つ子どもが少なくない実態があるように思います。それは，難教材といわれる内容で顕著に見られます。

そこで事例では，3年「小数」，5年「面積」，5年「割合」，5年「小数のかけ算」を紹介しています。

例えば，「小数」の事例では，既習の分数で表現できる場面をつくって，いったん分数で表現させてから小数に置き換える授業構成にしています。

「面積」の事例では，一般三角形から入るところを，直角三角形と一般三角形の面積の比較を問題にしています。直角三角形は長方形の半分，という既習の内容を生かして授業を展開しようとしています。

「割合」の事例では，問題を工夫して，整数倍で解決することから純小数倍で解決することへの流れを授業で創ろうとしています。どのような割合を扱えば，子どもにとって関わりやすいのかを考えてのものです。

易から難への自然な流れを，1時間の授業の中でつくることがこのモデルの目的です。

(4)「きまり見つけ1・2・3提示モデル」の授業

　この授業モデルは，計算の習熟ときまりを見つける帰納的な考え方を育てることをねらっています。

　紹介する事例は，1年「繰り下がりのあるひき算」，3年「かけ算」，4年「わり算の筆算」です。

　日本中のほとんどの学級では，計算ドリルを使って計算を練習させています。ややもすると計算のための計算練習になりがちです。何か目的をもって計算するという本来の趣旨を忘れてしまいます。

　そこで，計算練習に工夫をしようと考えました。計算練習というのは，多くの計算をすることを意味します。多くの計算練習（事例）の中からきまりを見つける展開にしたらおもしろいと思いました。帰納的な考え方というのは，いくつかの事例の中に共通すること（きまり）を発見し，そのきまりを問題解決に生かそうとする考え方です。

　いくつか計算をすると，答えや答えと式との間にきまりが見つかり，そのきまりを使ってさらに計算を解いていくというような展開が考えられます。そうすれば，きまりがほかの計算でも成り立つのかを調べるという計算の目的ができます。

　ポイントは，子どもに出す計算問題をきまりが見つかるように仕組むことです。最初は様々な書籍から，おもしろいきまりが見つかる計算を見つけることから始めたらよいと思います。

　「きまり見つけ1・2・3」と名付けたのは，私の経験上，同じ傾向にある計算を3つすると，子どもは何か語り出すということがあるからです。1＋2＋3＝6，2＋3＋4＝9，3＋4＋5＝12ときたら，「先生，答えが3の段の答えになっています！」などと言ってきます。1・2・3の意味を分かっていただけたでしょうか。

(5)「きまり見つけ事例収集モデル」の授業

　このモデルと，(4)の「きまり見つけ1・2・3提示モデル」との違いは，事例の見せ方にあります。「きまり見つけ1・2・3提示モデル」の場合は，1つずつ順に計算（事例）をさせます。その順序に意味があり，式の数値や出てくる答えの数値に，順序性などのきまりが見つかるのです。出す問題の順序は教師が決めるので，子どもにとってきまりを見つけやすい展開になることが多いと思います。

　一方で「きまり見つけ事例収集モデル」は，虫食い算などの計算に関する問題を解決するところから始まります。虫食い算のようなパズル形式の問題も，答えがいくつもあるようなオープンエンドの問題としているので，たくさんの事例を収集することができます。クラスみんなの力で事例を収集し，それらを整理してみることによってきまりを見つける展開です。もちろん見つけたきまりを使うと，簡単に虫食い算を解決することができます。

　きまりは見つけるためにあるのではありません。見つけたきまりを使って問題を簡単に解決するためにあるのです。それを経験することで，きまりを見つける態度を子どもに身に付

けてほしいと思います。

　紹介している事例は，2年「たし算の筆算」，3年「ひき算の筆算」，3年「あまりのあるわり算」，5年「分数のひき算」です。どの事例にもおもしろいきまりがあるので，ぜひ参考にしていただきたいと思います。

　ちなみに「きまり見つけ事例収集モデル」は，計算の単元だけで使えるものではありません。例えば立方体を切り開いてできた展開図を並べて，共通することを見つけることもあります。図形の単元などでも使える授業モデルです。

(6)「拡張・一般化モデル」の授業

　この授業モデルは，1つの問題を解決して終わりとしないで，さらに問題を発展させることによって新しい世界を子どもに経験させようとする授業モデルです。問題を固定的に見ないで，柔軟で変わりゆくものとして見る。まずはその見方が大切です。また，問題を発展させたときに，最初に解いた問題でも発展させた問題でも使えるアイデア（式）を考えることに意義があります。解決の仕方を一般化する，一般化の考え方を育てることができるのです。

　6年の「文字と式」の事例では，三角形に並ぶ碁石の数を数える問題を扱っています。1辺の碁石の数を5個のとき，7個のとき，そして最後は自由に子どもに決めさせて，徐々に数値を大きくしていきます。その後，1辺の碁石の数をaとして式に表すことで数え方を一般化しています。

　数学的に大変価値のある授業モデルですので，ぜひ意識して問題を発展させたいものです。

(7)「ゲーム問題発見モデル」の授業

　この授業モデルは，ゲームなどの活動をしているうちに問題（問い）を発見し，それについて追究する授業モデルです。

　子どもは，ゲームに勝つためといった目的で活動し始めます。子どもは，最初は遊んでいる感覚ですが，勝つための方法を考えたり，結果を考察したりするときに算数を使うことになります。

　例えば，1年生にパターンブロックを積み上げて高いタワーを作ろうと投げかけます。班ごとに協力して作るわけですが，時間は30秒しかありません。どの班のタワーがいちばん高いか，という話をしたときに問題が生じます。タワーは，動かすことができません。互いのタワーは離れたところで作っているので，直接比較することもできません。「どうやって比べたらいいの？」という問題が生じるのです。そのときに考える子どものアイデアが，この授業でのねらいとなります。

　例えば，パターンブロックの数で比較するというアイデアが出てくるでしょう。パターンブロックは，厚さが同じなので，任意単位として使えます。しかし，中にはブロックを縦にして積み上げている班もあります。そうすると，

単位の大きさがそろっていないことになるので，単純に数で比較することができなくなります。その場合は，どうやって高さ（長さ）を比べればよいのでしょうか。何かに長さを写し取るか，消しゴムの何個分で比べるなど，さらにアイデアが必要になってくるのです。

この授業モデルでは，2つの事例を紹介しています。5年「倍数」の導入，6年「資料の整理」です。2つの実践とも大変愉快な授業でした。

(8)「ミスコンセプションモデル」の授業

このモデルは，子どものミスコンセプション（誤概念）を生かして正しいコンセプション（概念）を子どもに身に付けさせようとする授業です。

例えば，三角形の高さがどこか，という問題を考えるときにとまどう子どもは少ないでしょう。しかし，それは，底辺が水平方向にあるときです。もしも，底辺をほかの辺に指定した場合，高さを正しくとらえることができるでしょうか。

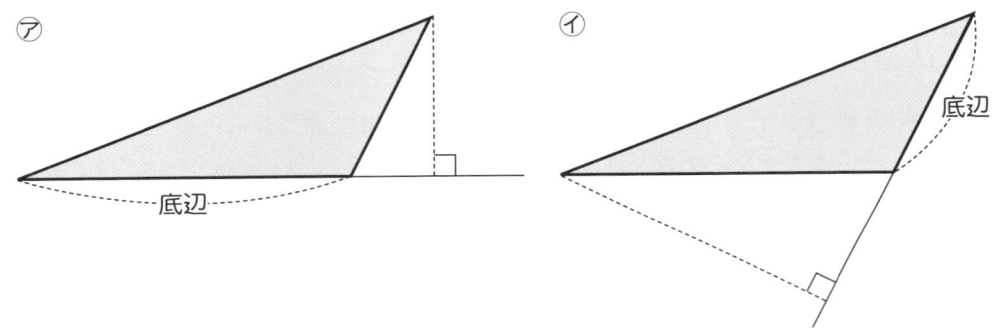

㋐は，問題なく高さを認識できても，㋑の場合は高さをとらえることが難しくなります。平成24年度の抽出の全国学力・学習状況調査のA問題では，同じような三角形の高さを判断する問題の正答率が約50％程度でした。底辺の位置が水平方向でなくなるだけで高さをとらえられなくなるのは，子どもの1つのミスコンセプションだと思います。ということは，授業では分かりやすく教えるだけでなく，むしろ底辺の位置をいろいろ変えて考えさせる場を設けることが必要だと思います。そして，"高さ"とは何かについて，豊かに理解させることが大切です。

「ミスコンセプションモデル」で紹介している事例は，1年「10までの数」，3年「分数」，5年「単位量あたりの大きさ」です。

さて，8つのモデルについて述べてきました。本書で紹介する24事例を参考にして，それぞれのモデルの意味と活用の仕方をご理解いただきたいと思います。

そして，願わくば本書をお読みいただいた先生方に，自分流のモデルを開発していただければ幸いです。

第3章

盛山流 算数授業
8のモデルと24の事例

モデル1	くじ引きモデル
モデル2	問題隠しモデル
モデル3	既習から未習へ発展モデル
モデル4	きまり見つけ1・2・3提示モデル
モデル5	きまり見つけ事例収集モデル
モデル6	拡張・一般化モデル
モデル7	ゲーム問題発見モデル
モデル8	ミスコンセプションモデル

新提案モデル 1 くじ引きモデル

くじ引きの手法を使って目的をもった仲間分けをし，集合の定義を明確にする。

● 一般的な授業　　※2年　三角形と四角形（三角形の意味と性質の理解）の例

① **考察の対象づくり**　　教師　児童
児童考察の対象となるものを，児童がつくる。

↓

② **仲間分け**　　児童
①でつくったものを分類整理し，集合をつくる。

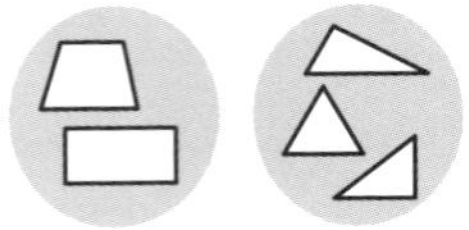

↓

③ **特徴の言語化**　　教師　児童
②でつくった集合の特徴を，児童の発言からとらえる。

↓

④ **集合の名前付け**　　教師
②でつくった集合の名前を教え，集合の定義を確認する。

三角形とは…

↓

⑤ **適用問題**　　教師　児童
集合の定義を使って分類する問題に取り組む。

問題点
ア．児童にとって，何のために仲間分けをするのかが分からない。また，仲間分けをする目的がない。
イ．仲間分けの観点が多様になり，この授業で定義したい集合ができない可能性がある。

問題点 を解決するために

授業事例		
2年 三角形と四角形 (三角形の意味と性質の理解)		22ページ
2年 分数 (簡単な分数($\frac{1}{2}$)の判別)		26ページ
6年 拡大図と縮図 (拡大図と縮図の意味と性質の理解)		30ページ

…教師の指示・活動
…児童の学習活動

★ くじ引きモデルを使った授業

❶ 考察の対象の提示
考察の対象となるものを，教師が多数提示する。

イの問題点 💡 解決！
仲間分けの観点を，「あたり」「はずれ」で教師が設定することができる。
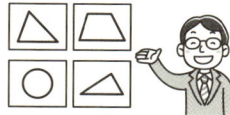

❷ あたりはずれに仲間分け
提示された対象から，「くじ引き」として児童が1つずつ選ぶ。教師はその都度，「あたり」か「はずれ」かを知らせる。児童は「あたり」になったものを観察し，自発的に「あたり」になりそうなものを選びはじめる。

アの問題点 💡 解決！
ゲーム性をもたせることで，仲間分けの目的ができる。

❸ 特徴の言語化
「あたり」になるものを考えて選んでいる児童に選ぶ理由を聞き，「あたり」に共通する特徴を，児童の言葉で言語化する。(帰納的な考え方)

❹ 集合の名前付け
「あたり」の集合の名前を教え，児童の言葉で仮に定義する。

❺ 定義の明確化
仮に定義した「あたり」の集合に『似て非なるもの(「はずれ」になるもの)』を新たに提示し，「あたり」か「はずれ」かを考えさせる。『似て非なるもの』を通して，仮の定義では「あたり」の集合の定義として不十分であることを確認し，集合の再定義をする。

❻ 適用問題
集合の定義を使って分類する問題に取り組む。

このモデルの 意図 と 特長

くじ引きという方法を用いることで，一般的な授業よりも，児童が考察の対象を分類整理しようとする目的を強くしている。また，学習内容に合うように，一定の条件で「あたり」「はずれ」を設定できるので，分類の基準を学習内容に沿った明確なものにすることができる。

次のページから授業事例 ▶

くじ引きモデルの授業事例①

2年 三角形と四角形
▶三角形の意味と性質の理解

…教師の指示・活動
…児童の学習活動

用意するもの
形くじ引き用のくじ
（画用紙に図形をかき，三角形の裏には「あたり」，それ以外には「はずれ」と書いておく）
　三角形（正三角形，二等辺三角形，直角三角形，それ以外のもの）…4枚
　正方形，長方形，台形，五角形，円，楕円，曲線のみでできた図形（三日月の形など）…7～8枚
　三角形と『似て非なる形』（扇形，三角形の辺が閉じていない形）…2枚

❶ 考察の対象の提示

T：これから，形くじ引きをします！
C：わーい。やったー。
T：この中から好きな形のくじを引いてみましょう。裏に「あたり」か「はずれ」が書いてあります。

板書 くじ引きの最初の様子

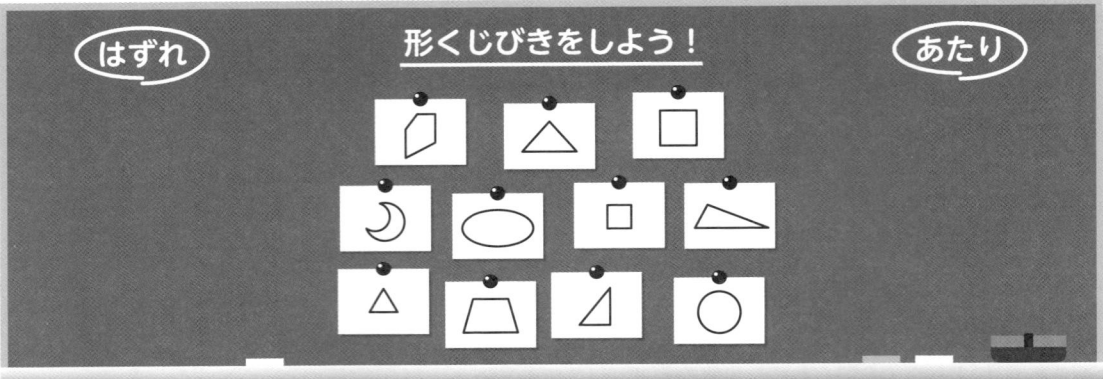

❷ あたりはずれになかま分け

T：では，1人1つ引いてみましょう。
C：では，これがいいです。
（裏を見て，あたりかはずれかを，みんなに発表させる。）

板書 くじ引きが進む様子

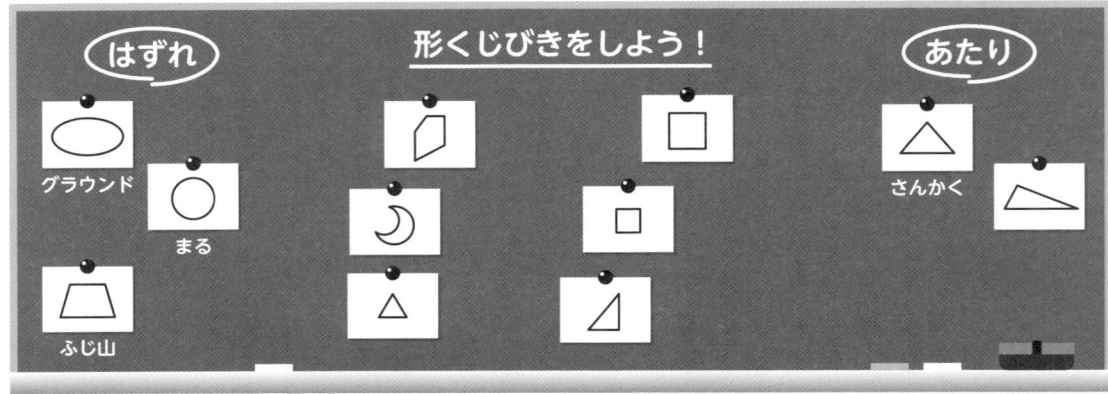

T：次に引きたい人？
C：はい，引かせてください！
T：では，○○さん。
C：これがいいです。

> **Point!**
> 引いた理由を児童に聞いて，集合の特徴を言葉で表すようにする。

❸ 特徴の言語化

T：どうしてこれがいいと思ったのですか？
C：だって，角が3つあるから。あたりの形は，みんな角が3つあるでしょ。
　（実際に引いて見ると，あたりだった。）
C：やったー。やっぱりあたりだ。角が3つあるのを引けばいいんだ。

❹ 集合の名前付け

T：あたりの形の名前を知っていますか？　これは，「三角形」といいます。
　（🧑‍🏫黒板に「三角形」と板書する。）
T：三角形があたりでしたね。三角形はどんな形といえますか？
C：3つの角がある形です。
　（既に板書してある。）

板書 **全部引き終わった様子**

❺ 定義の明確化

T：おっと，まだ形が残っていました。
　この形はあたりですか，はずれですか？　**(図1)**
T：あたりだと思う人？　（🧑‍🏫児童に挙手させる。）
　はずれだと思う人？　（🧑‍🏫児童に挙手させる。）
　（🧑‍🏫両方に分かれさせる。）

(図1)

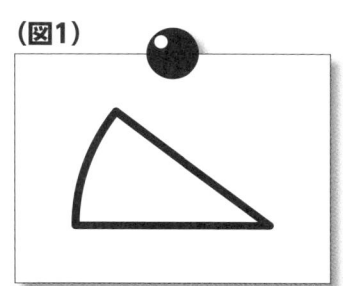

くじ引きモデルの授業事例① 2年 三角形と四角形（三角形の意味と性質の理解）

T：あたりに手を挙げた人は，どうしてあたりだと思ったのですか？
C：だって，角が3つあるから…。
T：はずれと思った人は，どうしてはずれだと思ったのですか？
C：ここがそっているから。「あたり」の形は，みんなまっすぐな線になっているもん。**(図2)**
T：なるほど。それでは，あたりかはずれかを見てみましょう。
　　だれか見てくれますか。
C：見たい！　見たい！
C：あっ，はずれだ！
T：ということは，あたりの三角形は，3つの角がある形という説明では足りないですね。何と書けばいいでしょうか？
C：3つのまっすぐな線でできている形でどうかな。
T：では，あたりの三角形は，3つの角があって，3つのまっすぐな線でできている形でいいですね。
　　（板書する。）

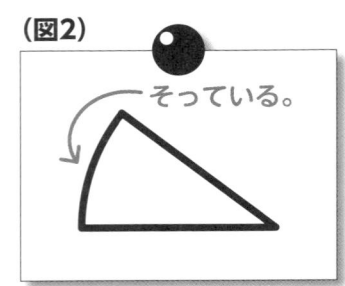
(図2) そっている。

T：あと1つ形がありました。これはあたりでしょうか，はずれでしょうか。**(図3)**
T：あたりだと思う人？　（児童に挙手させる。）
　　はずれだと思う人？　（児童に挙手させる。）
　　（両方に分かれさせる。）
C：先生，これは，あたりだよ。
　　だってね，3つの角があって，3つのまっすぐな線でできている形でしょ。
C：でも，ここがつながっていないから，おかしいよ。**(図4)**
C：あたりの形は，みんなつながっているよ。
T：それでは，あたりかはずれか見てみましょう。
C：あっ，これもはずれだ！
T：ということは，三角形の説明は，これでいいかな？
C：3つのまっすぐな線がつながっている形って
　　言わないとだめだと思う。

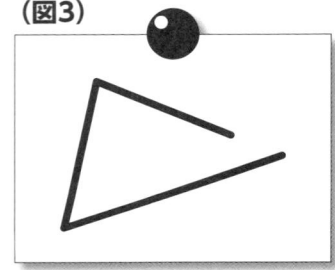
(図3)

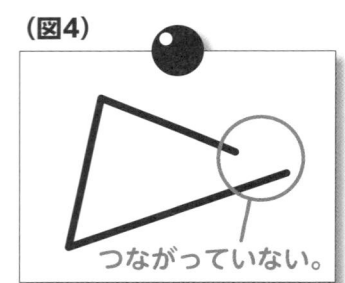
(図4) つながっていない。

T：ここまでよく考えてきましたね。
　　それでは，教科書には，「三角形」についてどう書いてあるか
　　読んでみましょうか。
C：三角形は，「3本の直線で囲まれている形」と書いてあります。
C：おー，僕たちが考えたのと，結構似ているよ。
C：そうか，囲まれた形って言えばいいのか。
C：3つの角のことは書いてないね。
T：でも，「三角形」という字は，3つの角がある形と書くから，
　　まんざら間違いではなさそうですね。

❻ 適用問題

T：それでは，最後に，ノートに三角形を1つかいてみましょう。
　4cmのまっすぐな線を引いてください。それを三角形の1本の直線として，残りの2本の直線をかいて，三角形をつくってみましょう。

板書 授業後の黒板の様子

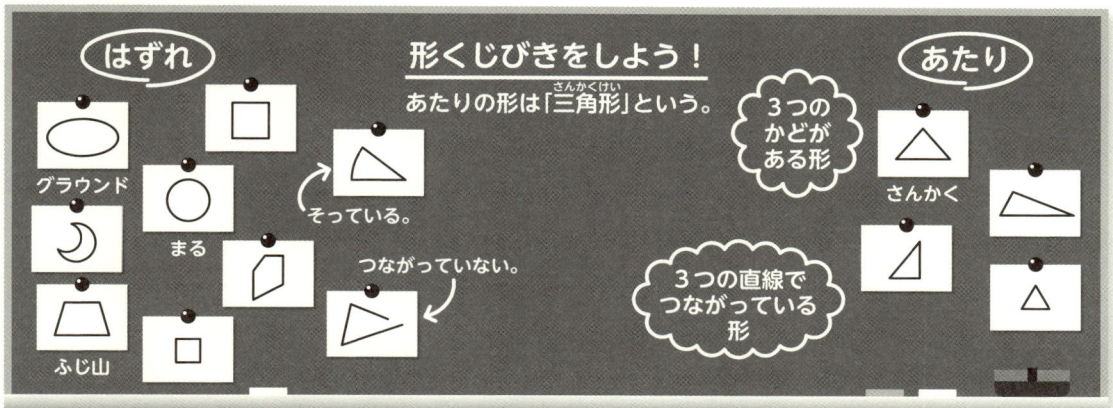

ねらいと解説

＜ねらい＞

　図形の概念指導で欠かせないのは，内包と外延をおさえることである。

　内包とは，図形の定義にあたる言葉である。三角形の場合では「3本の直線に囲まれた形」といった言葉をその意味とともに児童に授ける必要がある。

　外延とは，具体的な事例である。「三角形とはどんな形？」と聞かれたとき，こんな形だよ，といろいろな三角形をかいて見せたり，弁別して見せたりすることができれば，外延が理解できているといってよい。

　三角形の事例を示せても，三角形の定義が説明できないのでは，概念を理解できているとはいえない。その逆に，「三角形とは3本の直線で囲まれた形です」と説明できても，ほかの形と三角形を弁別できなければ，やはり概念を理解できているとはいえないのである。

　だから，概念指導の両輪として，内包と外延を意識して指導することが大切になる。

＜解説＞

　図形の概念指導では，教えたい図形（外延）を含めた多様な図形を分類整理し，共通することを抽象して，内包を児童に身に付けさせるが一般的である。

　基本的には，その展開で賛成なのだが，問題は児童の分類整理の動機が弱いことと，児童の分類整理がうまくいかないことだった。

　これを解消するために，「形くじ引き」の展開を考案した。これならば，分類整理がぶれることがない。また，児童の意欲が落ちることもない。

　また，児童の言葉を生かして概念の内包をつくることができる。くじ引きを②と⑤で2段階にしたのには，理由がある。児童に迷わせることができる形を最初の形くじ引きに混ぜてしまうと，適当に引く段階で引かれる可能性があるからである。それでは，議論する余地がない。

　1段階目は，児童の言葉でいったん定義する。2段階目の「似て非なる形」の吟味によって，定義を明確にしていく。このような授業展開によって，図形の概念指導を楽しく確かなものにしたいと考える。

くじ引きモデルの授業事例②

2年 分数
▶簡単な分数($\frac{1}{2}$)の判別

…教師の指示・活動
…児童の学習活動

用意するもの
模様くじ引き用のくじ
（正方形の画用紙に色をつけ，色をつけた部分が$\frac{1}{2}$のものの裏には「あたり」，それ以外には「はずれ」と書いておく）
$\frac{1}{2}$…3枚，$\frac{1}{4}$…1枚，$\frac{1}{3}$…1枚，1…1枚，その他…2枚

❶ 考察の対象の提示

T：正方形の画用紙に模様をえがきました。見てくださいね。
（形を黒板に提示していく。）
T：これは，色がついているところが広いですね。これは，せまいかな。

> これから，模様くじ引きをしましょう！

この中から好きな模様を引いてもらいます。模様の裏には，「あたり」または「はずれ」が書いてありますよ。

Point! 塗ってあるところが広い，狭いといった面積に着目させるように提示する。

板書 模様くじ引きを並べた様子

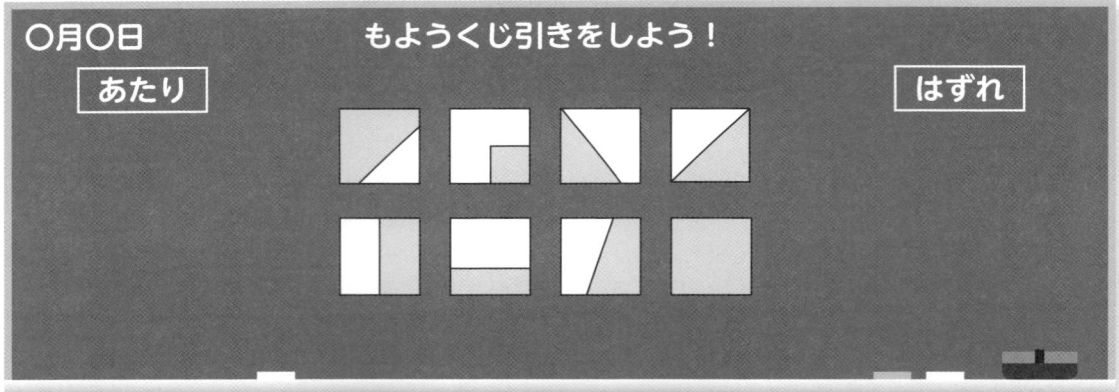

❷ あたりはずれに仲間分け

T：それでは，引いてみたい人？
C：はい！
C：はずれだ！**(図1)**
T：次は，どれを引いてみたいですか？
C：大きい模様がはずれだったから，今度は小さいのを引いてみよう。**(図2)**
　　あっ，これもはずれか。
C：それじゃあ，こんどは三角形の模様にしよう。**(図3)**
　　やったあ，あたったよ！
C：分かった。次は，これを引いてみたい！ **(図4)**

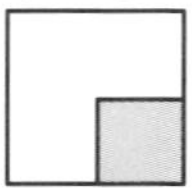

(図1)
(図2)
(図3)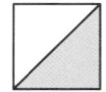
(図4)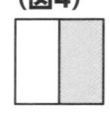

❸ 特徴の言語化

T：どうしてこの模様を引いてみたいと思ったのですか？
C：だって，半分の模様があたりと思うからです。
T：半分ってどういうことですか？
C：2つに折ると，ちょうどぴったり
　　重なる模様のこと。**(図5)**
C：正方形を同じ形に2つに分けたときの片方の形のこと。
T：なるほど。ということは，この
　　模様もあたりってことですね。**(図6)**
C：違うよ。これは，半分ではないもん。
T：でも，色がついている方の形は長方形で，
　　色がついていない方の形も長方形ですよ。
　　それに，正方形を同じ形に2つに分けています。
　　もう一方の形を「半分」っていうんじゃないのかな？
C：違う。同じ形というより，
　　同じ大きさに2つに分けるってことです。
C：そうそう。同じ大きさに2つに分けるってこと。
T：なるほど。それなら，これははずれになるのでしょうか。
　（裏返してみるとはずれだった。）
C：やっぱりはずれだ。

> **Point!** 「半分」という日常語を問い返して，その意味を明確にする。

(図5)

(図6)

> **Point!** 「半分」は，同じ大きさに2つに分けたうちの1つ分という意味でとらえさせる。

❹ 集合の名前付け

T：もとの大きさを同じ大きさに2つに分けたときの1つ分
　　を「半分」というのですね。
　　この半分のことを，算数では，「2分の1」といってこの
　　ように書きます。**(図7)**

(図7)

板書 $\frac{1}{2}$ とそうでないものに分けた様子

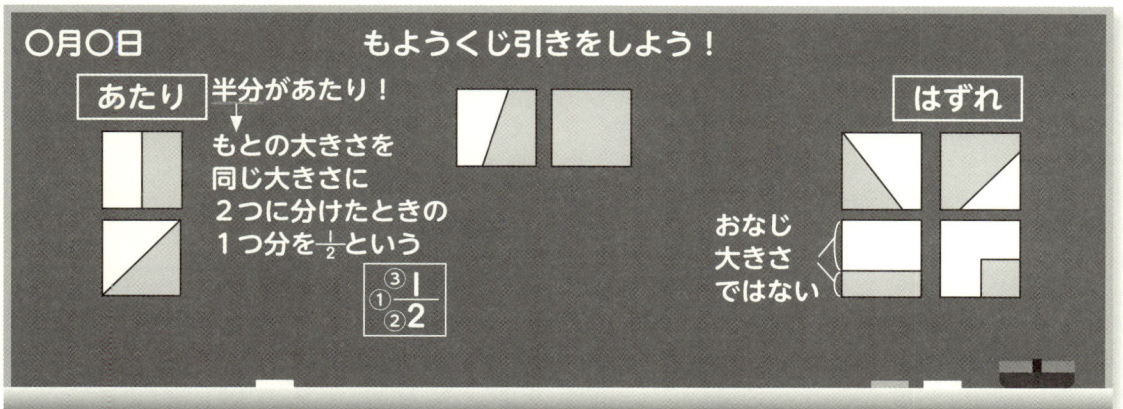

くじ引きモデルの授業事例②　2年 分数(簡単な分数($\frac{1}{2}$)の判別)

C：もうあたりはないよね。
T：そうですか，もうあたりはないでしょうか。
C：いや，あるよ。これは，あたりじゃないのかな。**(図8)**

(図8)

T：この模様があたりかはずれかを調べるには，どうすればいいでしょうか。
C：半分に折って重なるか調べたらいいと思います。
T：分かりました。それでは折ってみますね。**(図9)**
　うーん，重なりません。同じ大きさではないのでしょうか。

(図9)

C：違うよ，先生。切ったらいい。切ろう。
T：分かりました。切ってみますね。
　なるほど，これならぴったり重なります。**(図10)**

(図10)

C：2分の1の大きさだから，あたりです。
T：では，これは，どうでしょうか。**(図11)**
C：この形は，はずれです。
T：半分を「$\frac{1}{2}$」というなら，この模様を数で表すとどうなるでしょうか。
C：「1」じゃないかな。

(図11)

T：そうですね。もとの大きさを1として，
　その半分が$\frac{1}{2}$ということになります。
　(裏返して)やっぱりこの模様は，はずれでしたね。

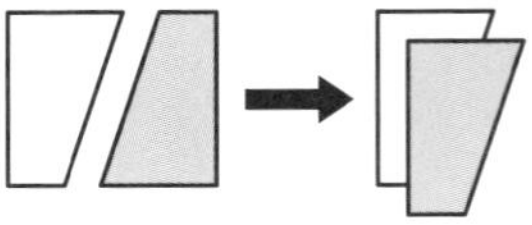

❺ 定義の明確化

T：あっ，もう1つ模様がありました。(新規に模様を出す。)**(図12)**
　これは，あたりでしょうか，はずれでしょうか。
　あたりと思う人？　はずれと思う人？（挙手させる。）

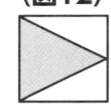
(図12)

T：どうしてはずれだと思いますか。
C：だって，切ると3つに分かれるでしょ。
　3つに分けたうちの1つ分だから，$\frac{1}{3}$じゃないのかな。**(図13)**
C：でも，同じ大きさに分かれていないから，ダメじゃないの。
C：色がついていないところを，色がついているところに重ねてみたら分かるよ。
C：重なったね。**(図14)**
　ということは，この模様は，もとの正方形の$\frac{1}{2}$だ！

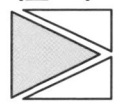
(図13)
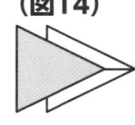
(図14)

C：だから，あたりだと思います。
T：では，裏を見てみましょう。あたりです！
C：やったー。
T：模様の部分がもとの大きさの半分の大きさであることが分かりましたね。
　3つに分けてあっても，同じ大きさでない場合は，$\frac{1}{3}$とはいえません。
　気を付けましょう。

Point! もとの大きさを分割したときの1つ分は○分の1というが，等分されていることが条件である。

※「❻適用問題」は省略

板書 3つに分けた形を検証した様子

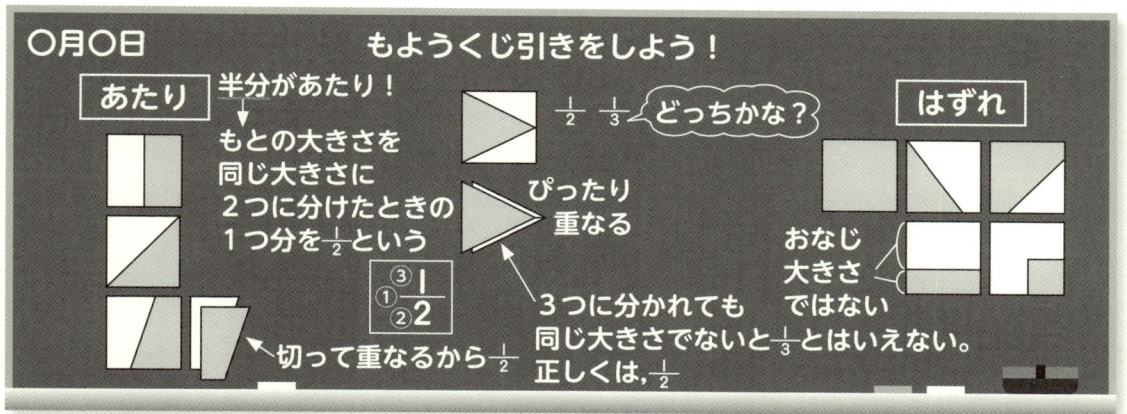

ねらいと解説

＜ねらい＞

あたりとはずれのくじ引きをすることによって，色の部分の大きさが「半分」になっている模様があたりであることに気付き，その特徴を言葉で表させる。そして，「半分」という日常語の意味を明確にしていくことによって，「$\frac{1}{2}$」という分数の意味を理解させることをねらいとする。

＜解説＞

最初に提示した8つの模様でくじ引きをして，あたりの模様が「半分」つまり「$\frac{1}{2}$」であることを明らかにする。その後，あたりかはずれか迷う形を提示して「$\frac{1}{2}$」の理解を深めるといった授業構成になっている。

くじ引きは，児童にとってわくわくするゲームである。あたりを出したくて必死に模様を観察する児童の姿を見ることができるだろう。

概念指導で大切なことは，教えたいことを児童から引き出すことである。今回の授業でいえば，「$\frac{1}{2}$」の意味にあたる児童の言葉をどれだけ引き出せるかが勝負となる。

「半分」という日常語を手掛かりに児童の言葉を生かして「$\frac{1}{2}$」を定義することが重要だと考えている。

等分でなくても，3つに分けた1つ分は「$\frac{1}{3}$」の大きさと勘違いする児童が多い。そのような誤概念を，ミスコンセプションという。⑤で迷う形を提示するが，ミスコンセプションを引き出すような形をあえて提示する。分数の意味理解を深める意図があるからである。（「ミスコンセプションモデル」についてp.126から解説）

この模様くじ引きは，次時にも同じようにくじ引きをすることができる。今度は，右のように色がついている面積が「$\frac{1}{4}$」の模様をあたりにしておく。

はずれの模様を今度はあたりにして使うのである。同じ題材で2時間連続授業することができることもこの教材の利点である。「$\frac{1}{2}$」や「$\frac{1}{4}$」について理解したら，次は，それらの分数を折り紙でつくり，さらに概念の理解を確たるものにする。

くじ引きモデルの授業事例③

6年 拡大図と縮図
▶拡大図と縮図の意味と性質の理解

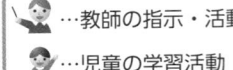
…教師の指示・活動
…児童の学習活動

用意するもの

平行四辺形くじ引き用のくじ
（平行四辺形の形に画用紙を切り，底辺とそれ以外の斜めの辺の長さの比が 5：3 のものの裏に「あたり」，それ以外の平行四辺形の裏に「はずれ」と書いておく）
　　底辺とそれ以外の斜めの辺の長さの比が 5：3 の平行四辺形…6 枚
　　　辺の長さの比の例：(37.5cm，22.5cm)(30cm，18cm)(25cm，15cm)(15cm，9 cm)(12.5cm，7.5cm)(10cm，6 cm)
　　あたりくじと辺の長さの比が同じで，角度が違う平行四辺形…2 枚
　　あたりくじと辺の長さの比が違い，角度が同じ平行四辺形…2 枚

❶ 考察の対象の提示

T：（適当に10個の形を黒板に貼る。）
　　みんな，これは何だと思いますか？　**(図1)**

(図1)

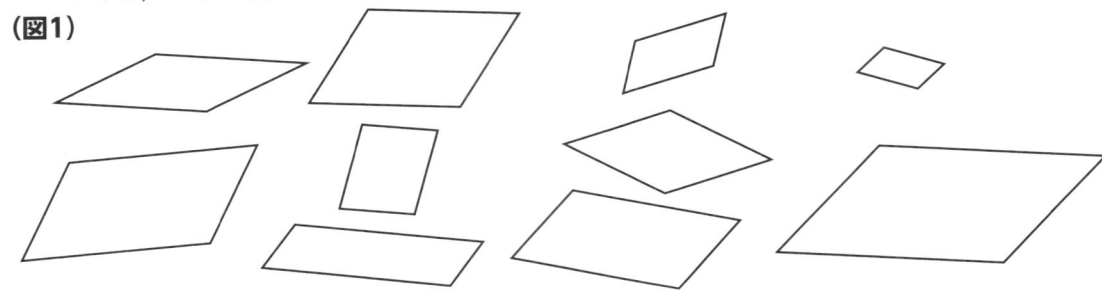

C：平行四辺形かな。
T：そうですね。これらの形は，すべて平行四辺形です。

> 平行四辺形くじ引きをしましょう。どの平行四辺形があたりかな？

　　裏にあたりかはずれが書いてあります。

❷ あたりはずれに仲間分け

T：引いてみたい人？
C：引いてみたい！
T：はいどうぞ。
C：よし，これにしよう。**(図2)**（裏にして見る）やった，あたったよ。
C：次は，私が引きます。これにしよう。**(図3)**
T：どうしてそれを引こうと思ったのですか？
C：だって，大きいのがあたったでしょ。だから，いちばん大きいのにしてみました。
　　（裏にして見る）うわっ，はずれだ。
C：ということは，大きさは関係ないのかな。
T：次に引きたい人？
C：はい！…
　　（この調子で引いていく。あたりが増えてくると，あたりの形の特徴に気付く児童が現れる。）

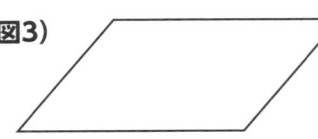

30

❸ 特徴の言語化

C：あたりの形は，同じ形だよ。
T：同じ形というのはどういうことですか？
C：平行四辺形だよ。
C：それはおかしいでしょ。はずれの形も平行四辺形だもん。
C：辺と辺が平行になっていると思う。
C：角度が同じなんじゃないかな。
T：では，調べてみましょう。どうやって調べましょうか？
C：重ねてみればいいんじゃない？
C：やっぱりみんな角度が同じだね。**(図4)**

> **Point!** 角度に目を向ける反応を取り上げることがポイント。

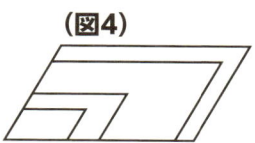
(図4)

板書 あたりとはずれに分けた様子

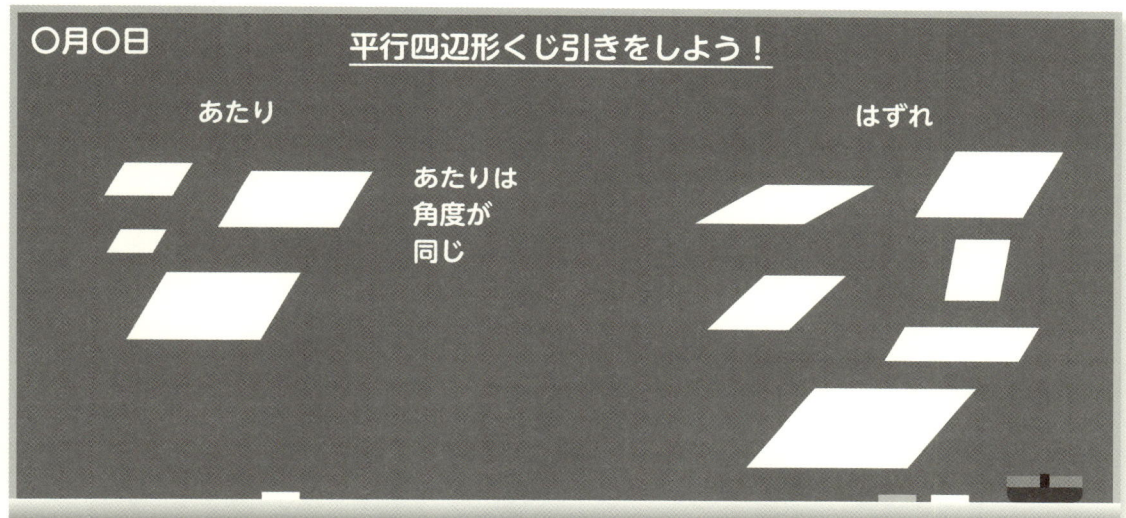

T：なるほど。あたりの平行四辺形は，角度が同じですね。ということは，はずれの平行四辺形は，角度が違うということでしょうか？
C：そうです。
T：では，ちょっと確かめてみますよ。
（🧒はずれの平行四辺形を2つ選んで，あたりの平行四辺形と重ねてみると，ぴったり角度が重なる。）**(図5)**
C：あれっ，角度が同じだ。
C：ということは，角度が同じ平行四辺形があたりの平行四辺形ではないんだね。
T：そうですね。角度だけでは区別が付かないということです。平行四辺形の中で，ほかに目を付けるところはないでしょうか？
C：辺の長さじゃないかな。

> **Point!** はずれの平行四辺形の中に，あたりの平行四辺形と角度が同じものを入れておく。

(図5)
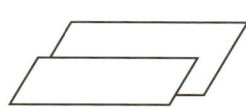

くじ引きモデルの授業事例③ 6年 拡大図と縮図（拡大図と縮図の意味と性質の理解）

T：よし，それでは平行四辺形の辺の長さを手分けして測ってみましょう。
（👧あたりの色紙を手分けして測り，その値を板書する。）**(図6)**

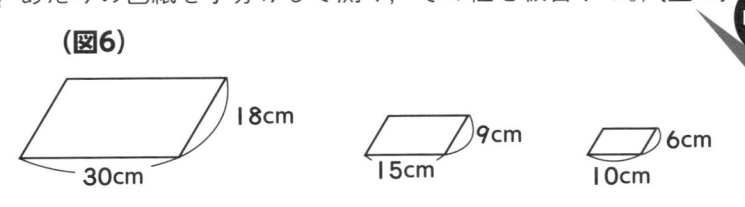

Point! 辺の長さを測らせることを想定して，形を作っておく。

※「④集合の名前付け」は省略

❺ 定義の明確化

T：辺の長さを測って，何か気付いたことはありますか？
C：分かった。辺の比が同じになっているんだ。
T：辺の比が同じというのはどういうことですか？
C：底辺が25cmで，斜めの辺が15cmの平行四辺形を見てください。
　　この2つの辺の長さを5でわると，5：3の比になります。**(図7)**
C：本当だ。30cmと18cmは，両方の数を6でわると，5：3になるね。**(図8)**
C：違う意味の同じもあるよ。12.5cmと7.5cmは，両方を2倍すると，
　　25cmと15cmになるでしょ。底辺：底辺が1：2。
　　斜めの辺：斜めの辺も1：2になっているから同じです。**(図9)**
C：12.5cmと7.5cmの両方を3倍すると，37.5cmと22.5cmになります。
　　この場合は，底辺：底辺が1：3で，
　　斜めの辺：斜めの辺も1：3で同じです。**(図10)**

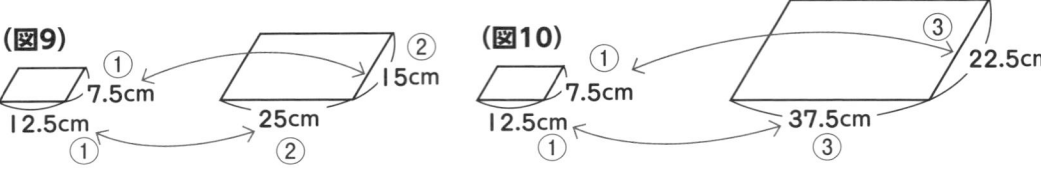

板書 辺の長さを測り，比で表した様子

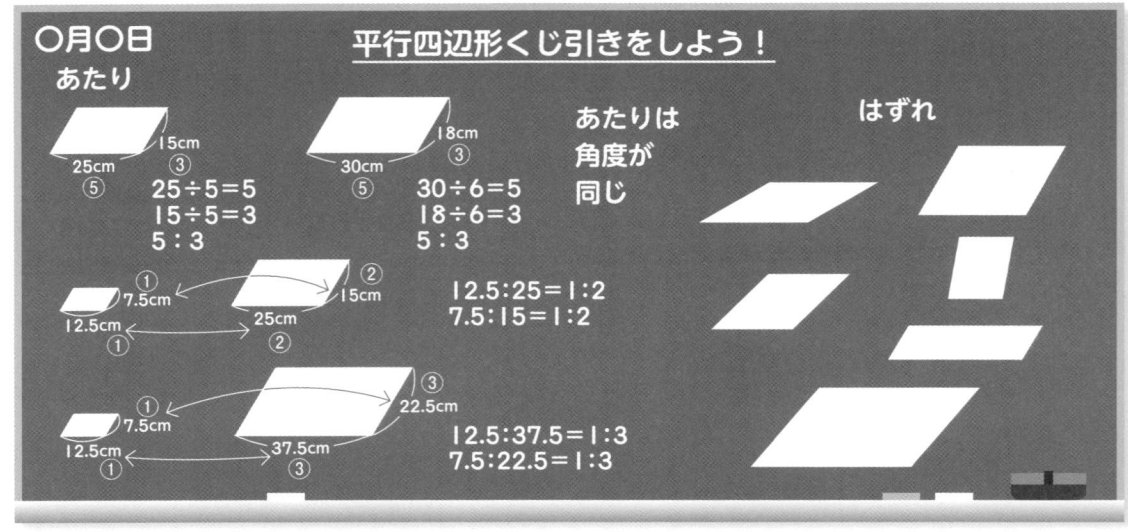

T：はずれだけど，角度が同じだった平行四辺形はどうですか？
C：この平行四辺形は，底辺と斜めの辺の比が，3：1の辺の比になっていました。
C：もう1つの平行四辺形は，2：1の比になっていました。
T：ということは，あたりの平行四辺形は，どんな平行四辺形といえますか？
C：底辺と斜めの辺の比が5：3になっていて，角度が同じ平行四辺形です。
C：2つの平行四辺形で，底辺：底辺が1：2だったら，斜めの辺：斜めの辺も1：2，底辺：底辺が1：3だったら，斜めの辺：斜めの辺も1：3になっています。

❻ 適用問題

T：あたりの平行四辺形の特徴が分かってきましたね。
　では，最後にみんなであたりの平行四辺形を作ってみましょう。
（🧑‍🏫白い画用紙を配付する。）
T：画用紙に，あたりになる平行四辺形をかいて切り取りましょう。黒板に出ているものとは違う大きさの平行四辺形を作ってみましょうね。
C：30cmと18cmの辺の長さを半分にして，15cmと9cmの平行四辺形にしよう。
C：私は，30cmと18cmを3でわって，10cmと6cmの平行四辺形にしました。
T：そうですね。もとの図を，形を変えないで大きくした図を拡大図，形を変えないで小さくした図を縮図といいます。拡大図・縮図は，みんなが見つけたように，対応する辺の比や対応する角の大きさが等しいです。また，その形をつくる辺の比が同じでもありますね。今回の平行四辺形だと，底辺と斜めの辺の比がみんな5：3で同じでした。

ねらいと解説

<ねらい>

平行四辺形のくじ引きを通して，あたりの平行四辺形の特徴に気付き，拡大図・縮図の意味をとらえることができる。

<解説>

一般に拡大図・縮図の導入では，例えば右のようなヨットの形などが扱われる。しかし，この場合は，考察すべき辺の数と角度の数が多すぎると思う。

また，国旗などの長方形を扱う場合もあるが，長方形は角度がすべて直角なので，角度が考察の対象にならない。

そこで，考えたのが平行四辺形だ。辺も角度も2か所の考察で済む。なぜ，角度と辺の長さにこだわるかというと，教科書で拡大図・縮図の定義には，その両方が文言に出てくるからである。

概念指導では，教えたいことを児童から引き出すことが大切である。教科書の言葉をそのまま考えさせることは困難でも，似たようなことを児童が自分の言葉で説明するような授業展開にしたい。教師の仕事は，そのための環境設定である。

本稿で紹介した授業は，平成23年の秋に岩手大学附属小学校で開催された研究会で6年生に行った授業である。元気で明るい児童たちと，大変楽しい授業ができたことを覚えている。

新提案モデル 2　問題隠しモデル

思考の対象を絞り児童の目を引きつける。

● 一般的な授業　※1年　繰り下がりのあるひき算（繰り下がりのあるひき算の計算の仕方）の例

① 問題場面の把握（教師）
教師が問題場面を提示する。教科書を開いて全員で問題を読む場合もある。

↓

② 見通しをもつ（児童）
どの演算で求められそうか，答えはおよそどのくらいか，といった見通しをもたせる。

↓

③ 自力解決（児童）
児童が各自で問題に取り組み，計算の仕方を考える。

↓

④ 個別に支援（教師）
自力解決中に机間巡視をし，ブロックなど具体物を使って計算の仕方を考えるように個別に指示する。

↓

⑤ 計算の仕方を発表（児童）
提示用ブロックなど具体物を使って計算の仕方を説明する。

↓

⑥ 検討（教師・児童）
簡単な計算の仕方や，場面に合った計算の仕方を考え，検討しまとめる。

↓

⑦ 適用問題（児童）
数値を変えるなどして適用問題に取り組む。

問題点
ア．問題場面がイラストや図で表されているので，すぐに答えが分かってしまう。
イ．計算の仕方を考えるための動機付けが弱い。

問題点を解決するために

…教師の指示・活動
…児童の学習活動

授業事例

1年 繰り下がりのあるひき算(繰り下がりのあるひき算の計算の仕方) ……… **36**ページ
2年 かけ算(かけ算の意味の理解) ……………………………………………… **40**ページ
4年 大きな数(「億」の単位の意味の理解) ……………………………………… **44**ページ

★ 問題隠しモデルを使った授業

❶ 問題場面の提示
教師が問題場面を表したイラストまたは図を掲示する。

❷ 問題場面を隠す
布や模造紙などで場面を隠す。「夜になりました」「霧が出ました」など，問題の文脈をつくるとよい。

❸ 問題場面を見せる
隠したものを一瞬見せる，少しずつ見せる，場面を巻き戻す，といった手法を取りながら問題を出す。

アの問題点 🚩 解決！
問題が隠されているので，児童が答えを知りたくなる。

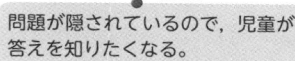

❹ 自力解決
問題場面(答え)が隠された状態で自力解決をする。このときにペア学習などを取り入れてもよい。

イの問題点 🚩 解決！
問題が隠されているので，いろいろな方法を考えることができる。

❺ 発表
式や答え，計算の仕方を発表する。

❻ 検討
隠していた問題場面を見せて，答えを確認したり，計算の仕方を場面と比べたりして検討しまとめる。

❼ 適用問題
数値を変えるなどして適用問題に取り組む。

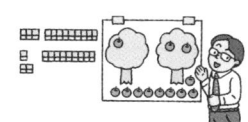

このモデルの 意図 と 特長

教科書では，かいてある場面のイラストや図を見るとほとんど答えや解き方が分かってしまうことがある。児童にとって，答えが分かっている問題ほどつまらないものはない。そこで，問題場面を表す絵や図を隠し，隠したものの見せ方を工夫するのである。そうすることで，児童はわくわくどきどきしながら問題を考えることができ，ねらいに合った思考をさせることもできる。

次のページから授業事例 ▶

問題隠しモデルの授業事例①

1年 繰り下がりのあるひき算
▶繰り下がりのあるひき算の計算の仕方

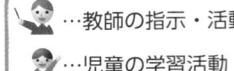
…教師の指示・活動
…児童の学習活動

用意するもの
りんごの木を描いた画用紙，りんごの木を隠す模造紙，掲示用のりんご…12個，掲示用のブロック…12個

❶ 問題場面の提示

T：これは何でしょう？
C：りんごです！
C：たくさんのりんごがなっています。

❷ 問題場面を隠す

T：そうです。りんごです。おいしそうですね。
　では，夜になりました。（　模造紙で提示した図を覆う。）
C：うわー，見えなくなったよ。
T：夜になったら嵐がきました。風でりんごが落ちてしまいます。
　（　りんごを9個落とす。）
C：そんなに落ちちゃうの！
T：さて，問題です。次の朝には，木に何個のりんごが残っているでしょうか？
C：えー，何個かな？
C：分からないよ。
C：最初にりんごは何個なっていたかな？

❸ 問題場面を見せる

T：最初になっていたりんごの数が分かればよいですか？
C：そうだよ。

板書 問題を表す図を隠した様子

36

T：では，お話を巻き戻しましょう。
（🧑‍🏫 9個のりんごをもう一度模造紙の下に戻して，模造紙を取って見せる。）
C：あっ，最初になっていたのは12個だ。
T：りんごは，おもしろいなり方をしていますね。
C：そうだね。1本の木に10個なっていて，もう1本の木に2個なっている。
C：12と数えやすいよ。
T：では，もう一度お話をしてみましょう。誰かお話をしてくれる人はいますか？
C：はい，やりたいです。
りんごがたくさんなっています。夜になりました。急に嵐がやってきて，強い風が吹きました。たくさんのりんごが落ちてしまいました。朝になったら，りんごは木に何個残っているでしょう？
（🧑‍🏫 児童のお話に合わせて黒板に提示した図を操作する。）

❹ 自力解決

T：では，木に何個残っているか考えてみましょう。
ブロックを使ってもよいし，ノートに図をかいて考えてもよいですよ。
（🧑‍🏫 しばらく考えさせる。）

❺ 発表

T：では，発表しましょう。
C：答えは，12－9で3だから，3個です。
T：同じ答えになった人？
C：はーい。（🧑‍🎓 みんなが挙手をする。）
T：どうして12－9の式になったのですか？
C：だって，残りの数を求める問題だからです。
T：そうですね。前に学習したひき算のお話ですね。では，答えが3個になる理由を誰かお話してくれますか。
C：はい。ブロックでやってみました。12個あって，そこからこのように9個取ると，残りが3個だと分かります。**(図1)**
（🧑‍🎓 提示用ブロックを操作しながら説明する。）
T：今の取り方とは違う取り方をした人はいますか。
C1：私は，12個を10個と2個に分けました。
T：どうしてC1さんは，そんな風に置いたと思いますか？
C：分かった！　りんごは1本の木に10個なっていて，もう1本の木に2個なっていたから。
C1：そうです。
T：なるほど，見せた絵と同じように置いてみたのですね。
C1：それで，10個の方から9個取って，残った1個と2個をたして3個になりました。**(図2)**
（🧑‍🎓 提示用ブロックを操作しながら説明する。）
T：なるほど。今の取り方が分かりましたか。手元のブロックを使って，みんなやってみましょう。
（🧑‍🎓 各自，自分のブロックで再現してみる。）

Point! 答えが隠されているので理由を説明する必要がある。

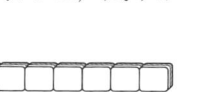

(図1)
残り3個　→9個 取る

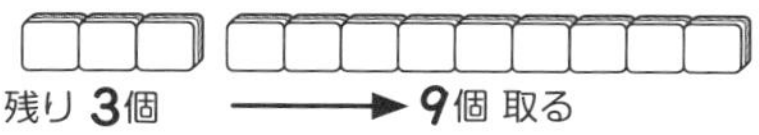

(図2)
残り3個　→9個 取る

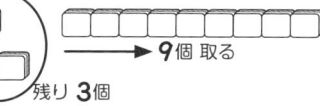

問題隠しモデルの授業事例① 1年 繰り下がりのあるひき算(繰り下がりのあるひき算の計算の仕方)

C：まだほかの取り方があります。
T：どんな取り方をしたのですか？
C：りんごを10個と2個に分けるのは同じです。
先に2個を取って，次に，10個の方から7個取ります。
だから，3個です。**(図3)**
(🧒 提示用ブロックを操作しながら説明する。)

(図3)
残り3個
→7個 取る
→2個 取る

板書 いろいろな考え方を説明している様子

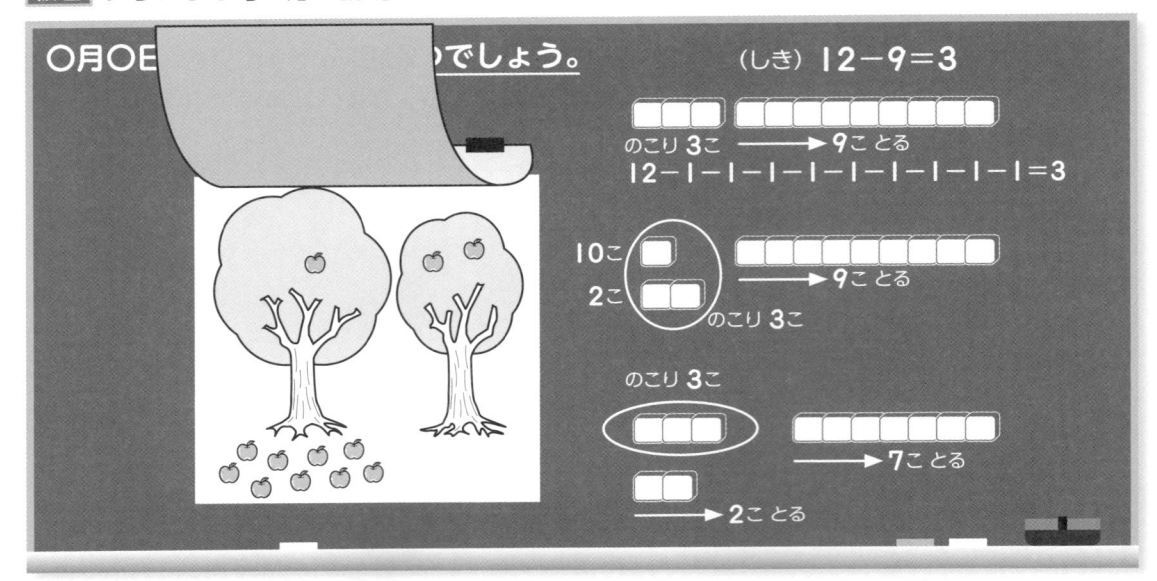

[板書画像：○月○日 …でしょう。 (しき) 12－9＝3
のこり3こ →9ことる
12－1－1－1－1－1－1－1－1－1＝3
10こ／2こ →9ことる のこり3こ
のこり3こ →7ことる
→2ことる]

T：12－9の答えの出し方がいろいろ出ましたね。それぞれのやり方を式で表してみましょう。最初の取り方は，12個から1個ずつ数えながらブロックを取ったから，12－1－1－1－…。何回1をひけばよいのかな？

C：9回です。

T：そうですね。12－1－1－1－1－1－1－1－1－1＝3ですね。
(🧑‍🏫 黒板に書きながら説明する。)

T：では，次のやり方です。まず12を10と2に分けたのですね。
10個から9個を取ったから，どんな式になりますか？

C：10－9＝1です。

C：そのあとに，2をたしたから，1＋2＝3で，3個です。

T：そうですね。10から9を取るときは，1個ずつではなくて，9個を一度に取ることができたので，10－9＝1ですね。
(🧑‍🏫 黒板に書きながら説明する。)

T：では，3つ目のやり方はどうですか。

C：12を10と2に分けて，2－2＝0，10－7＝3です。
(🧑‍🏫 黒板に書きながら説明する。)

T：10－7も1個ずつひかなくても7個を一度に取ることができたので，この式でよいですね。
10－9とか，10－7は，どうして一度にひくことができるのでしょうか？

C：9個取るときは，残りを1個残せばよいから，すぐに分かります。

C：7個取るときも同じです。残りが3個残すように取ればよいから簡単に取れます。

> **Point!**
> 取り方を式で表すことが大切である。式の見方を養いたい。

板書 それぞれの考え方を式に表した様子

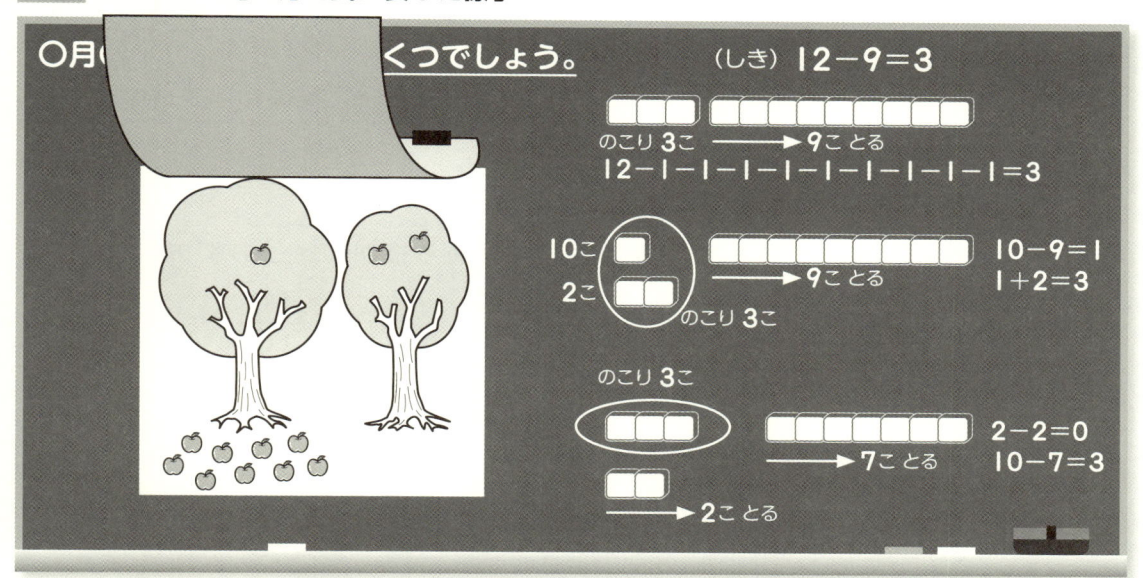

○月〇日　　　　　　　　　くつでしょう。　　　　　　　（しき）12－9＝3

のこり3こ　　　　　9こ とる
12－1－1－1－1－1－1－1－1－1＝3

10こ　　　　　　　　　　　　　　10－9＝1
2こ　　　　　　　9こ とる　　　 1＋2＝3
　　　　　　 のこり3こ

のこり3こ
　　　　　　　　　　　　　　　 2－2＝0
　　　　　　　　　 7こ とる　　10－7＝3
　　　　　　2こ とる

❻ 検討

T：このお話に合っているのは，どの取り方だったでしょうか？
C：りんごが10個なっている木から9個落ちたから，10－9＝1，1＋2＝3のやり方と同じです。

※「⑦適用問題」は省略

ねらいと解説

＜ねらい＞

　この授業では，求答の発問をしたときには答えが隠れていて見えない状態にするところがポイントである。

　答えを隠しているので，児童たちは意欲的に問題解決に取り組むことができる。そして何とか答えを導こうとして，ブロックを出して数えたり，指を使って数えたり，図をかいて考えたりする。必要感をもって，それらの算数的活動をすることができるのである。

　そのようなことから，この授業では，繰り下がりのあるひき算の計算の仕方を意欲的に考えることが主なねらいになる。

＜解説＞

　工夫した点は，児童が考えた計算の仕方を，式に表現させた点である。数えひきと，ぱっと答えを導くことができる10－9や10－7といった計算との違いを意識してもらうために式で表現させた。それまでに，「いくつといくつ」の学習で，10の合成分解を徹底的にやってきている。だから，10は1と9，10は3と7といった10の見方は定着しているはずである。その数の見方を生かせば，繰り下がりのあるひき算の計算が簡単にできる方法を見つけることができる。

　もう1つ工夫した点は，問題場面の設定の仕方である。りんごの2本の木の一方には10個，もう一方には2個のりんごがなっている。そして，10個の方から9個落ちるという設定にした。この通りに計算すると，12を10と2に分けて，10－9＝1，1＋2＝3という減加法の計算の仕方になる。

　多様な計算の仕方が出ないときには，もう一度問題場面を振り返って計算の仕方を考えさせる。児童に考えさせるための手立ての1つである。

問題隠しモデルの授業事例②

2年 かけ算
▶かけ算の意味の理解

👩‍🏫…教師の指示・活動
🧑‍🎓…児童の学習活動

用意するもの
おだんごを並べて描いた画用紙…4枚，おだんごの絵を隠すための画用紙…1枚，掲示用おはじき…14個

❶ 問題場面の提示　　❷ 問題場面を隠す

T：これはおだんごの入った箱を上から見た図です。今から箱のふたを少しずつ開けていきます。**(図1)**
（🧑‍🏫児童を全員立たせる。）

T：おだんごは全部で何個あるでしょうか？

　　分かった人は座ってください。
　（🧑‍🏫少しずつ目隠しを右にずらす。）
C：まだ分かりません。上の方に動かしてください。

❸ 問題場面を見せる

T：（目隠しを動かす。）これで分かりますか？**(図2)**
C：分かった！（🧑‍🎓ほとんどの児童が着席する。）
T：（立っている児童に）あと，どこを見ると分かりますか？
C1：全部見ないと，目隠しの下に本当におだんごが
　　あるのか分からないよ。
T：では，座った人はなぜおだんごの数が
　　分かったのだと思いますか？
C1：目隠しの下に全部おだんごがあると
　　思ったんだと思います。
　（🧑‍🏫全員座らせる。）
T：（先に座った児童を指名して）
　　おだんごの数は何個だと思いますか？
C：3個のおだんごが5列あるから，15個だと思います。
T：どうして15になったのですか？
C：3+3+3+3+3で15です。（🧑‍🏫板書する。）
C：横に見ると5個のおだんごが3列あるよ。5+5+5で15です。（🧑‍🏫板書する。）
T：このように同じ数をたすことを，新しい式で表すことができます。「5かける3は15」です。
　　「5×3＝15」と書きます。（🧑‍🏫板書する。）
T：3+3+3+3+3はどのような式に表せますか？
C：3×5です。（🧑‍🏫児童に板書させる。）
T：そうですね。では，目隠しを取ってみましょう。**(図3)**
C：えーっ。

Point!
おだんごの数が分かった理由を聞くことで，かけ算の定義にあたる言葉を児童から引き出す。

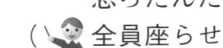

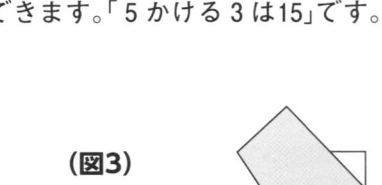

(図1)

(図2)

(図3)

板書 答えを予想している様子

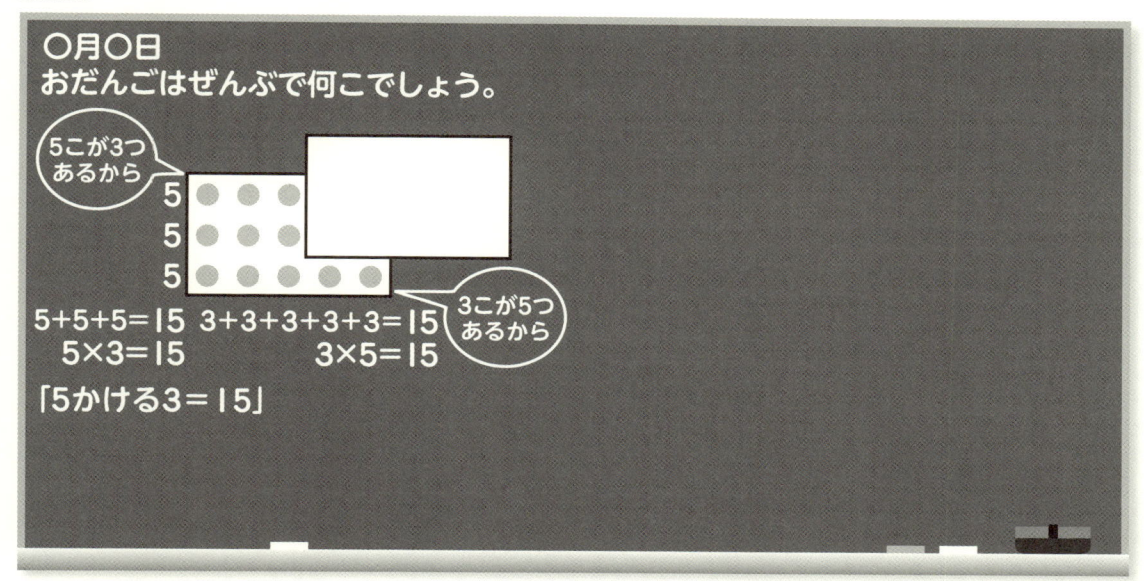

○月○日
おだんごはぜんぶで何こでしょう。

「5こが3つあるから」
「3こが5つあるから」

5+5+5=15　3+3+3+3+3=15
5×3=15　　　3×5=15

「5かける3＝15」

C1：ほら！　やっぱり全部入っていなかった！
T：おだんごは全部で何個ありますか？
C：14個です。
T：右上にも1つ入っていると思えば，15個でよいですね。今まで考えてきたことは正しいのです。
C：でも，この並び方はきれいじゃないね。
C：14個をきれいに並べたい。

❹ 自力解決　　❺ 発表

T：それでは，14個のおだんごを長方形の箱にぴったり入るようにきれいに並べる方法を考えましょう。
　（👤 各自おはじきを机上に出して考える。）
C：こうやって並べるときれいだよ。
　（👤 黒板におはじきを14個並べて操作する。）**(図4)**

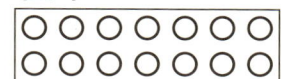

❻ 検討

T：どうすればかけ算の式になりますか？
C：2×7　**(図5)**
C：7×2　**(図6)**
T：どうして2×7や7×2になったのですか？
C：2×7は，2個が7列あるから。
C：7×2は，横に見ると7個が2列あるから。

(図4)

(図5)

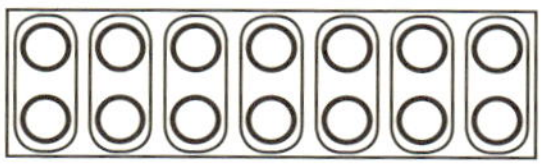

(図6)

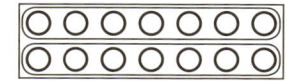

問題隠しモデルの授業事例②　　2年　かけ算（かけ算の意味の理解）

板書 図を使って考える様子

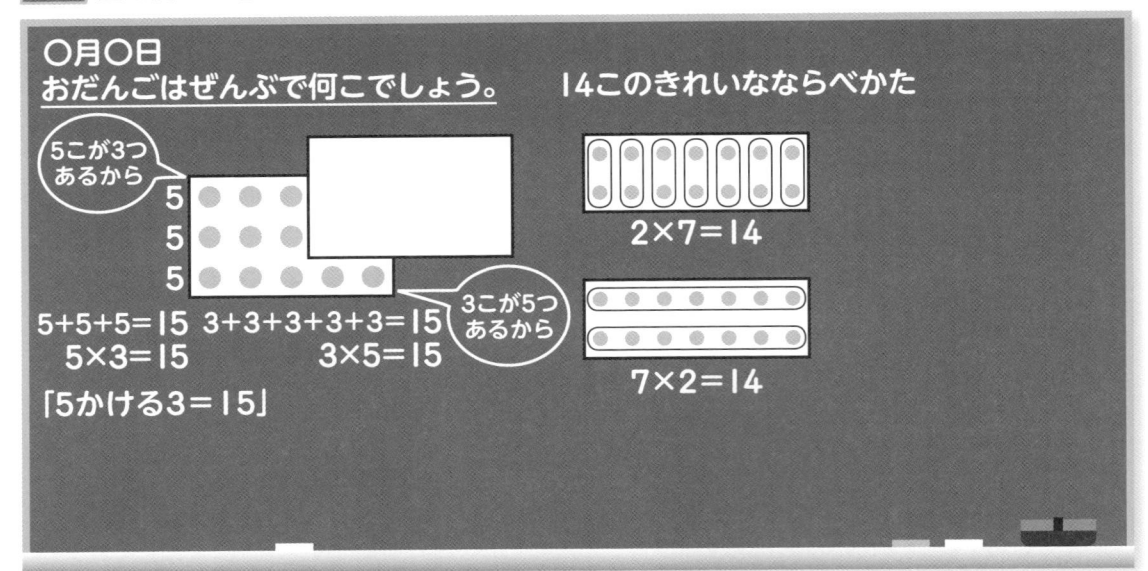

○月○日
おだんごはぜんぶで何こでしょう。

5こが3つあるから

5+5+5=15　3+3+3+3+3=15
5×3=15　　3×5=15
「5かける3=15」

3こが5つあるから

14このきれいなならべかた

2×7=14

7×2=14

❼ 適用問題

※適用問題についても問題隠しの手法を取り入れる。

T：そうですね。では，次はこれです。
　　この箱の中には，おだんごは全部で
　　何個あるでしょうか？**(図7)**
　　（😊 全て目隠しをしておいて，左端の列を
　　ちらっと見せる。）

Point! 最初に左端の列を見せることで，「見えた列のいくつ分あるか」を考えるきっかけとなる。

C：上の1列が見たい！　（😊 目隠しをずらす。）**(図8)**
C：右にずらしてほしい。縦に何個あるのかみたい。
　　（😊 目隠しをずらす。）**(図9)**
C：わかった！　3×8だ。
C：8×3にもなるよ。
T：それでは，3×8になる理由を説明
　　できますか？
C：3個のかたまりが8つ分あるからです。
　　(図10)
C：8×3も同じように説明できるよ。
C：横に見れば，8個のかたまりが3つ分です。**(図10)**
T：では，次はこれです。今度は全部見せますね。**(図11)**
C：また全部埋まってないのが出た。
T：これだとかけ算ができませんね。
　　おだんごの数を調べる式は3+3+3+2+1になりますね。
C：さっきみたいにきれいに並べられないかな。
C：こうやって並べ替えればかけ算にできるよ！　**(図12)**
C：3×4だ。
C：4×3にもなるよ。

(図7)

(図8)

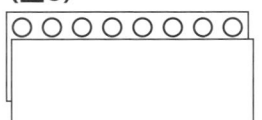

(図9)

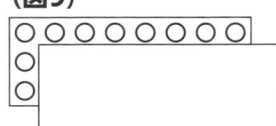

(図10)

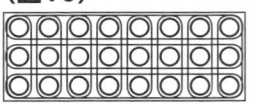

(図11) 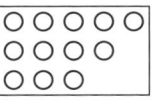　　**(図12)**

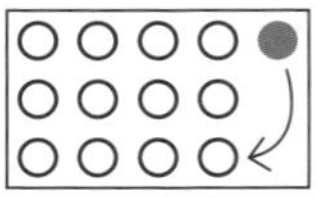

T：なるほど。このように並べ替えると確かにかけ算で表せそうですね。
C：縦に見ると，3個が4つ分あるので，3×4です。**(図13)**
C：横に見ると，4個が3つ分あるので，4×3です。**(図13)**

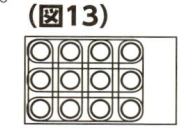

(図13)

板書 **適用問題に取り組んだ様子**

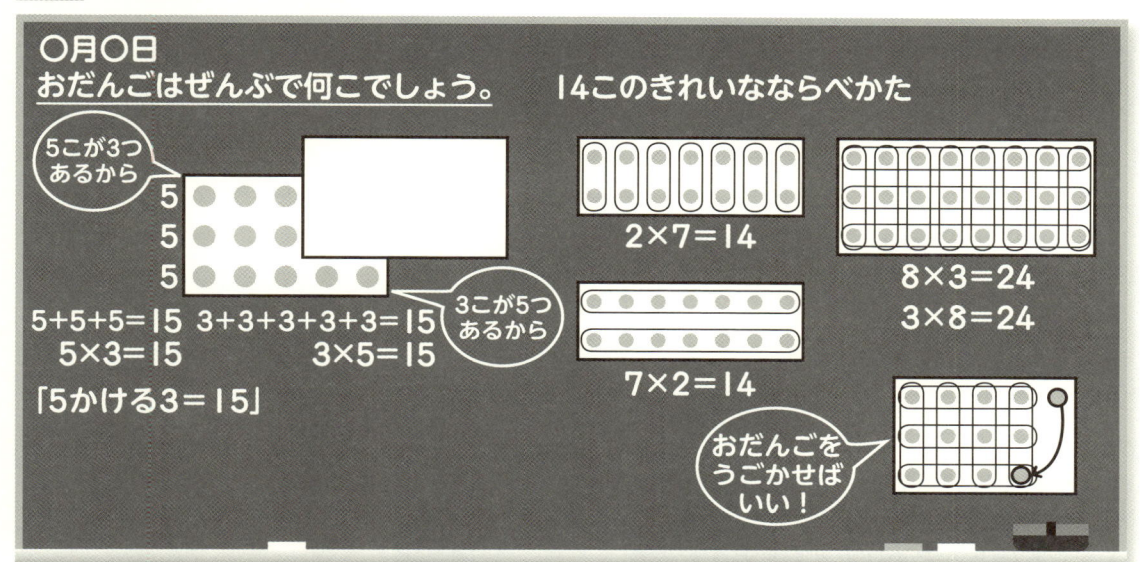

○月○日
おだんごはぜんぶで何こでしょう。　　14このきれいなならべかた

5こが3つあるから
5
5
5
5+5+5=15　3+3+3+3+3=15
5×3=15　　　3×5=15
「5かける3=15」

3こが5つあるから

2×7=14

7×2=14

8×3=24
3×8=24

おだんごをうごかせばいい！

ねらいと解説

＜ねらい＞
　1年生のときに学習した3口のたし算の既習を生かして，かけ算の意味を理解させることがねらいである。

＜解説＞
　一般に，かけ算の意味は，(1つ分の数)×(いくつ分)ということになっている。ただ，私の場合は，その言葉の式にまとめる前に，同数累加の式をかけ算の式に置き換える場面を経てから，言葉の式にするようにしている。その方が，既習を生かして新しいことを学ぶので，児童にとって理解しやすいからである。もちろん，かけ算の意味指導についての様々な議論があることは承知しているが，私はそのような立場から指導していることをご理解いただきたい。
　さて，授業展開を見ると，考察の対象を隠して提示している。それは，児童から1つ分にあたる数がいくつ分あるかという話題や，同数累加の式を何とか引き出したいと思ったからである。実際の授業では，引き出した児童の言葉を生かしてかけ算の式を導入した。
　導入の問題では，目隠ししていた画用紙をとると，何とおだんごの数は14個だったので，その14個のおだんごのきれいな並べ方について考えた。このときに，かけ算に表すことができるように長方形状に並べることができ，並べた形をかけ算の式に表すことができれば，かけ算の導入として成功したとみることができる。14個のおだんごの並べ方の考察場面は，この授業がかけ算の意味を伝えられたかどうかを評価する問題とみてよいだろう。
　その後の問題は，適用問題である。児童にさらにかけ算の意味について理解を深めてもらうための問題として出題した。
　かけ算の概念指導の授業だが，児童が最後まで夢中になって考え続ける授業であってほしいと思っている。

問題隠しモデルの授業事例③

4年 大きな数
▶「億」の単位の意味の理解

🧑‍🏫…教師の指示・活動
🧒…児童の学習活動

用意するもの
表に国名，裏にその国の人口を書いたカード（人口は最新の資料を調べて作成する）
（オランダ・オーストラリア・韓国・日本・ブラジル・アメリカ・世界）

① 問題場面の提示　② 問題場面を隠す

（🧑‍🏫 黒板に「オランダ」「オーストラリア」「韓国」「日本」「ブラジル」「アメリカ」「世界」と書かれたカードを貼る。）

| オランダ | オーストラリア | 韓国 | 世界 |
| 日本 | ブラジル | アメリカ |

C：うわー，国の名前だ。
T：どの国が好きですか？
C：ブラジル！　サッカーが強いから。
C：オランダ。チューリップがきれいだよ。
T：それでは問題です。6つの国の中で人口がいちばん多い国はどこでしょう。
C：うーん。アメリカかな。
T：なるほど。アメリカかもしれませんね。
C：2番目はブラジルだよ。
C：ちがうよ。日本でしょ。
C：オーストラリアだと思う。大きいから。

Point! 予想させるところがポイント。教科書では，数値が最初から出ている。

T：では今から，予想して多い順に並べてみましょう。
　まずノートに書いてみてください。
（🧒 友だちとも相談しながら予想をする。）
T：では，聞いてみましょう。カードを貼りますから，言ってみてください。
C：アメリカ，ブラジル，日本，韓国，オーストラリア，オランダ。

板書 問題場面を隠して予想した順にカードを貼った様子

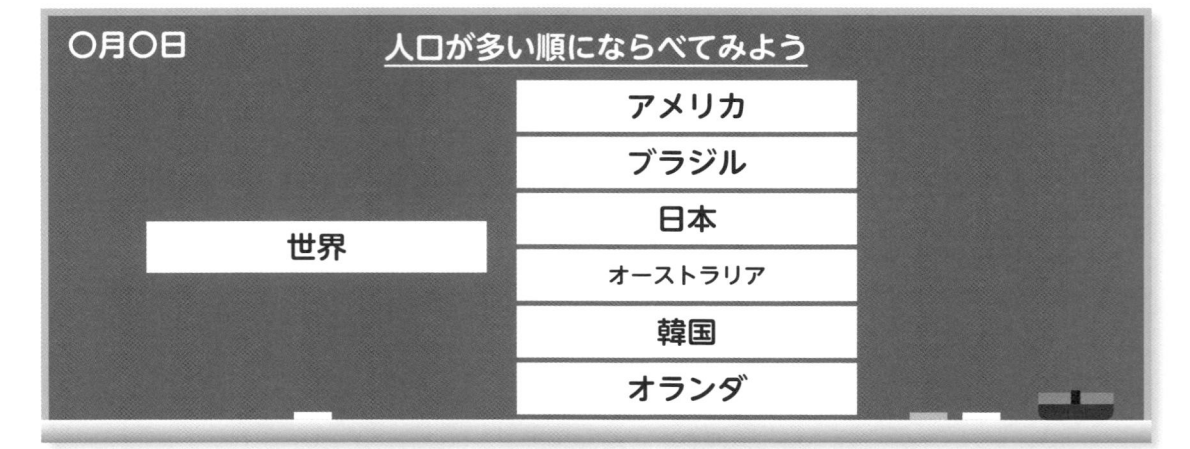

○月○日　　　人口が多い順にならべてみよう

	アメリカ
世界	ブラジル
	日本
	オーストラリア
	韓国
	オランダ

C：アメリカ，ブラジル，オーストラリア，日本，韓国，オランダ。
C：アメリカ，ブラジル，日本，オーストラリア，韓国，オランダ。

❸ 問題場面を見せる　　**❹ 自力解決**　　**❺ 発表**

T：では，カードを開いてみます。カードの裏には，人口が書かれています。
　　いちばん下のオランダと下から2番目の韓国は，予想順位がみんな同じようですから，開いてみますよ。
　（🧑 オランダのカードを裏返す。**(図1)**）

(図1)　| 1 6 6 4 5 3 1 3 |

C：一，十，百，千，万，十万，百万，千万…（🧑 位を数えながら）
　　千六百六十四万五千三百十三（16645313）人だ。
C：東京都よりも少し多いぐらいだね。
　　確か東京都は，1200万人ぐらいだよね。
T：では，次に韓国を見てみましょう。
　（🧑 韓国のカードを裏返しにする。**(図2)**）

(図2)　| 4 9 2 3 2 8 4 4 |
　　　　| 1 6 6 4 5 3 1 3 |
　　　　　千万

C：四千九百二十三万二千八百四十四（49232844）人だ。
C：韓国は多いね。
T：そうだね。韓国の方が多いみたいですね。予想が合っています。でも，どうして今度はすらすら読めたのですか？
C：だってね，オランダの人口のいちばん上の数が千万の位って分かっていて，韓国の人口のいちばん上の位が同じところにあるでしょ。**(図2)**
C：千万の位から読めばいいって分かったから。
T：なるほど。韓国の人口と比較しながら読んだから，位がすぐ分かったのですね。
　　よし。次はオーストラリアですよ。
　（🧑 オーストラリアのカードを裏返す。わざとカードを横に置く。）**(図3)**

(図3)　| 2 0 6 0 0 8 5 6 |　| 4 9 2 3 2 8 4 4 |
　　　　　　　　　　　　　　| 1 6 6 4 5 3 1 3 |

T：さあ，みんなで読んでみましょう。
C：えっ，…。
T：どうしたのですか？
C：オランダや韓国のカードの上に置いてください。
T：どうしてそうしてほしいのですか？
C：だって何の位か分かりづらいから。
T：分かりました。それでは，上に並べて置きますよ。
　　いちばん上の数の2が何の位か分かりましたか？　読んでみましょう。
C：二千六十万八百五十六（20600856）人。あれっ，少ない。
T：意外ですね。大きな国ですが，人口は少ないみたいです。
C：ということは，下から考えると，オランダ，
　　オーストラリア，韓国の順だ。

問題隠しモデルの授業事例③　　4年　大きな数（「億」の単位の意味の理解）

❻ 検討

T：では，並び替えますね。次は日本でしょうか。
　　開いてみますよ。
　（🧑 日本のカードを裏返して，韓国のカードの上に置く。）**(図4)**
C：あれっ，桁が違う。
C：本当だ。桁が1つ増えた。
T：桁が違うってどういうことですか？　もう少し詳しく
　　教えてください。
C：先生，左から2番目が千万の位でしょ。千万の位よりも1個大きいということ。
C：千万の位よりも10倍大きいということだよ。
T：そうですね。千万の位よりも1つ上の位を「一億の位」といいます。そして，1000万の10倍の数を「1億」といいます。1の後に0を8個書く数です。(100000000)
　（🧑 板書する。）
T：では，次のブラジルを開いてみましょう。
　（🧑 ブラジルのカードを裏返す。）
C：わあ，すごい！
C：一億九千百九十万八千五百九十八(191908598)人です。
C：読みやすくするために，位ごとに線を引こうよ。
T：そうですね。そうしましょう。誰か引いてくれますか？
　（🧑 赤チョークで位ごとに線を引く。）
C：ここは色を変えて青（図5では二重線）にします。**(図5)**
T：あれっ，どうしてここの線の色を青に変えたのですか？
　　みんなどう思いますか？　隣の人と話をしてみてください。
　（🧑 少しの時間，相談する。）
C：分かった。4つの位ごとに位の呼び方が変わるから。
C：一，十，百，千の位が繰り返し出てくるところだから。
C：最初の4つの位は，一，十，百，千で，次の4つの位は，一万，十万，百万，千万で，次の4つの位は，一億，十億，百億，千億になると思います。万と億は新しく出てくるけど，一，十，百，千は繰り返し出てきます。
　（🧑 児童の，位についての発言を黒板に板書していく。）

(図4)
127288419
49232844
20600856
16645313

(図5)
191908598
127288419
49232844
20600856
16645313

❼ 適用問題

T：素晴らしいことにたくさん気付きましたね。今みんなが言ったようなことを知っておけば，数を読むのが簡単になりますね。
　　では最後，アメリカを開きましょう。
　（🧑 アメリカのカードを裏返す。）
C：三億三百八十二万四千六百四十六(303824646)人です。
C：やっぱりアメリカが多かったね。
T：では，上から人口の多い順に国名を言ってみましょう。
C：アメリカ，ブラジル，日本，韓国，オーストラリア，オランダです。
C：先生，「世界」のカードがあるけど，開かないの？

T：そうですね。あと「世界」というカードがありましたね。みんな，世界の人口はどれぐらいだと思いますか？
C：50億人ぐらい。
C：100億人！
T：では，世界の人口を見てみましょう。
（👨 世界のカードを裏返す。）
C：うわー！
C：70億8490万（7084900000）人！
T：では，人口をノートに書いて終わりましょう。

板書 大きな数の位についてまとめた様子

○月○日　　　　人口が多い順にならべてみよう

	億	千万	百万	十万	万	千	百	十	一
アメリカ		3	0	3	8	2	4	6	4	6
ブラジル		1	9	1	9	0	8	5	9	8
日本		1	2	7	2	8	8	4	1	9
韓国			4	9	2	3	2	8	4	4
オーストラリア			2	0	6	0	0	8	5	6
オランダ			1	6	6	4	5	3	1	3

（けたがちがう）
・千万の位より1つ多い
・千万の数の10倍の数
「1億」という

気づいたこと
・一，十，百，千のくり返し
・4つの位ごとに新しい単位　万，億が出てくる

ねらいと解説

＜ねらい＞

この授業のねらいは，「億」の単位の意味を教えることである。1000万の10倍が1億であることと，千万の位の次が一億の位，その次が十億，百億，千億の位と続くことを教える。

＜解説＞

教科書では，「大きな数」の学習は，世界の国々の人口を教材にする場合がほとんどである。それはよいのだが，扱い方に工夫がないと思っている。

最初から国々の人口を順に紹介し，どこかで「億」の単位を使う数を見せて，新しい単位を教えるといった方法になっている。これでは，児童が考える場面がほとんどなく，わくわくどきどきするような場面もない。

そこで，児童が今までの「大きな数」の学習をもとにして考える場面や気付く場面をつくるために，今回紹介したような授業を行った。

クイズ形式で，人口が多い順を予想するところから授業は始まる。そのために，それぞれの国の人口はカードの裏に隠しておく。大きな数を最初から見せないのである。それだけで授業は盛り上がる。

人口を予想した後，答えを見るときに初めて「億」の単位と出会う設定にした。そのときの児童の言葉を生かし，既習の大きな数とどこが違うのか，何が新しいのかを明確にするようにして「億」を教えるようにした。

児童がいきいきと大きな数について学んでくれればと願っている。

COLUMM コラム

聴く力，訊く力を高める
－授業力，学級経営力を高めるために知っておきたいこと－

【1】「聞く」ことの目的

　プロゴルファーのタイガー・ウッズがあるときインタビューで，「私が5歳のときから，私が父に話しかけると，父は必ずすべてをやめて話を聞いてくれた」と語っていました。トッププレイヤーの語るその言葉はとても印象的でした。

　タイガー・ウッズは，話を聞いてもらうことによって，大きな安心感や父への信頼感をもちました。ゴルファーとしての多くの苦悩を乗り越えて歩んで来られたのは，そのような父からの恩恵のお蔭でした。このときの父の「聞く」は，相手の心を癒したり，相手を励まし，成長させたりするためのものでした。父の聞く行為によって，タイガー・ウッズは，確かに変わっていったのでした。

　日産自動車を再生した経営者カルロス・ゴーンは，「信頼は人生の最も重要な目標である」として，信頼を得るための方法の1つに「まず人の話を聞き，聞いたことをもとに考えること」と言っています。彼は，日産自動車のトップとして招かれたとき，まずは現場に足を運び徹底的に話を聞いて回りました。

　何のために人は聞くのか。それは，タイガー・ウッズの父や，カルロス・ゴーンの例に見られるように，自分を変え，相手を変えるためではないかと考えています。

【2】3つの「聞く」

　「聞く」は，次の3つのレベルに分類できます。

　「聞く」(hear) ……音声として聞く。表面的な意味だけを聞く。

　「聴く」(listen) ……何を言ったかより，何を言いたいかまで聴き取る。内容を整理しながら聴く。

　「訊く」(ask) ……不足情報を聞き出す。疑問点を問いただす。ポイントを掘り下げる。

　この分類に【1】で述べた2つの「聞く」を位置付けると，タイガー・ウッズの父の場

合は「聴く」にあたり，カルロス・ゴーンの場合は「訊く」にあたります。
　そうなると，当然子どもたちについては，「聞く」レベルではなく，「聴く」や「訊く」レベルの態度を育てることが目標になります。それが，「一流の聞き手」を育てることに結び付くのではないでしょうか。

子どもの休み時間の様子などを観察していると，「聞く」・「聴く」・「訊く」の3つの聞き方とも見ることができます。子どもでも，「聴く」や「訊く」のレベルの聞き方を，自然にもっているのです。
　例えば，興味のない話を聞かされたとき，心ここにあらずの状態で聞くことがあります。音声としては耳に入っていますが，心はどこかへ行っています。この状態は，「聞く」のレベルです。
　その逆に，必要感のある情報や知りたい情報を聞くときは「聴く」のレベルで子どもは聞きます。例えば，遊びのルールを決めるとき，遠足といった楽しみな行事の話を聞くとき，授業で不思議な現象が起きて，どうしてそうなるのか説明を聞くとき，サッカーをやっている子どもならば，サッカーの話を聞くときなどです。子どもは，耳を傾けてよく話を「聴き」ます。
　子どもにとって，友だちとの対話の中に自然に現れるのが「訊く」です。休み時間の子ども同士の会話に耳を傾けてみました。
　「見て！ でっかいかまきりがとれたぞ」
　「おー，本当だ。大きい！　<u>どこでとったの？</u>」(驚きの表情)
　「運動場の奥の草むらにいたんだよ」
　「えっ，あそこにいたんだ。僕もこんなかまきりをとりたいなあ」
　「いいよ。一緒に探そうか」
　「ありがとう。行こう，行こう」(笑顔)
　「でっかいかまきりがとれたぞ」を聞いた瞬間，聞き手の子どもの全身で表すリアクション。そして，「どこでとったの？」とその子どもは「訊き」ました。
　とった場所を教えてもらった子どもが「僕もこんなかまきりをとりたいなあ」と言ったとき，「いいよ。一緒に探そうか」という言葉が，友だちから出てきました。相手が何を言いたいのか察したに違いありません。このときの聞き方は「聴く」です。

「いいよ。一緒に探そうか」という言葉をもらって，もう一方の友だちは，満面の笑顔で応えました。

この二人の会話には，自然に「聴く」や「訊く」行為が入っています。相手の話に対するリアクションもよいと思います。大人にはなかなかできない豊かなボディーランゲージです。

【3】訊く力を高めるために

あ る帰国子女から次のような話を聞きました。ドイツから帰国して日本の小学校に転入し，教室に入ったときに最も衝撃を受けたことは，質問をすると笑われるということだったそうです。

ドイツでは，先生から「分からないことは手を挙げて訊くこと」，「くだらない質問はない」ということを常々言われてきたそうです。しかし，日本では，笑われたり，先生にうるさがられたりしたということでした。

日本には，察しの文化があり，「自分がこう思うんだから相手もこう思うだろう」と勝手に解釈してしまうところがあると言われています。自己主張をしないという奥ゆかしさがある分，相手の気持ちを察してあげるという聞き手の態度を育みました。

一方で，欧米には自分と相手は異なる存在という価値観があり，だから「分からないことは訊く」という文化があります。これは，今起きた問題はその場で解決するということでもあるのです。

このような文化の違いは，そのまま子どもたちの聞き方の指導に反映されています。教室で指導する聞き方には，次のようなものがあります。

「人の話は最後までよく聞きましょう」

これは，人の話を途中で取って，すぐ自分の話をすること，すぐに感想や意見，質問を述べることはよくないとしているのです。

しかし，子どもにとって本当にそれがよい聞き方でしょうか。この聞き方は，話し手が分かりやすい整理された話をすることが前提です。もし，そうでなければ，途中で口を挟んで「そこがよく分からない」，「それってどういう意味？」と訊かなければ，それ以降の話はもっと分からなくなります。

子どものコミュニケーションでは，聞き手だけでなく話し手の問題も考える必要があります。話し手を鍛えるためにも，聞き手の素直な「訊く」が必要です。それは，決して無作法なこととしてではなく，必要なこととして受け止めなければなりません。

　要するに，「訊く」力を高めるためには，子どもが本来持っている知的好奇心としての「訊く」ことや，知りたいという欲求を満たすために「訊く」ことを，教師が尊重することが大切なのです。

　さらに，話を聞いていて，分からなくなったときに「分からない」，「どういう意味？」と素直に言う態度を認めることも大切です。話し手も聞き手も互いに高め合うという立場に立ったとき，そのように「訊く」ことが必要になります。

　訊く力を高めるための方法として，次のようなやり方があります。相手の答えの中から訊くことを見つけて，話を深めるというものです。例えば，次のような会話です。

　「日曜日に公園に行ってなわとびの練習をしたよ」

　「公園に誰と行ったの？」

　「お父さんと弟と行ったんだよ」

　「お父さんと弟もなわとびをしたの？」

　「したよ。みんなで二重とびの練習をしたんだ」

　「二重とびはどのぐらいできるの？」

　このような，相手の答えの中から次の質問を見つけるという練習です。自分の話はしない，ということをルールにしています。このときの「訊く」は，情報を深めるという効果があります。「訊かれる」ことにより，話し手も改めて自分の話を深めたり，話を整理したりすることができます。「聴く力」や「訊く力」を高めるために有効なやり方の1つです。

新提案モデル **3** 既習から未習へ発展モデル

新しい学習内容の導入で，児童が未習内容にスムーズに取り組めるように問題を工夫する。

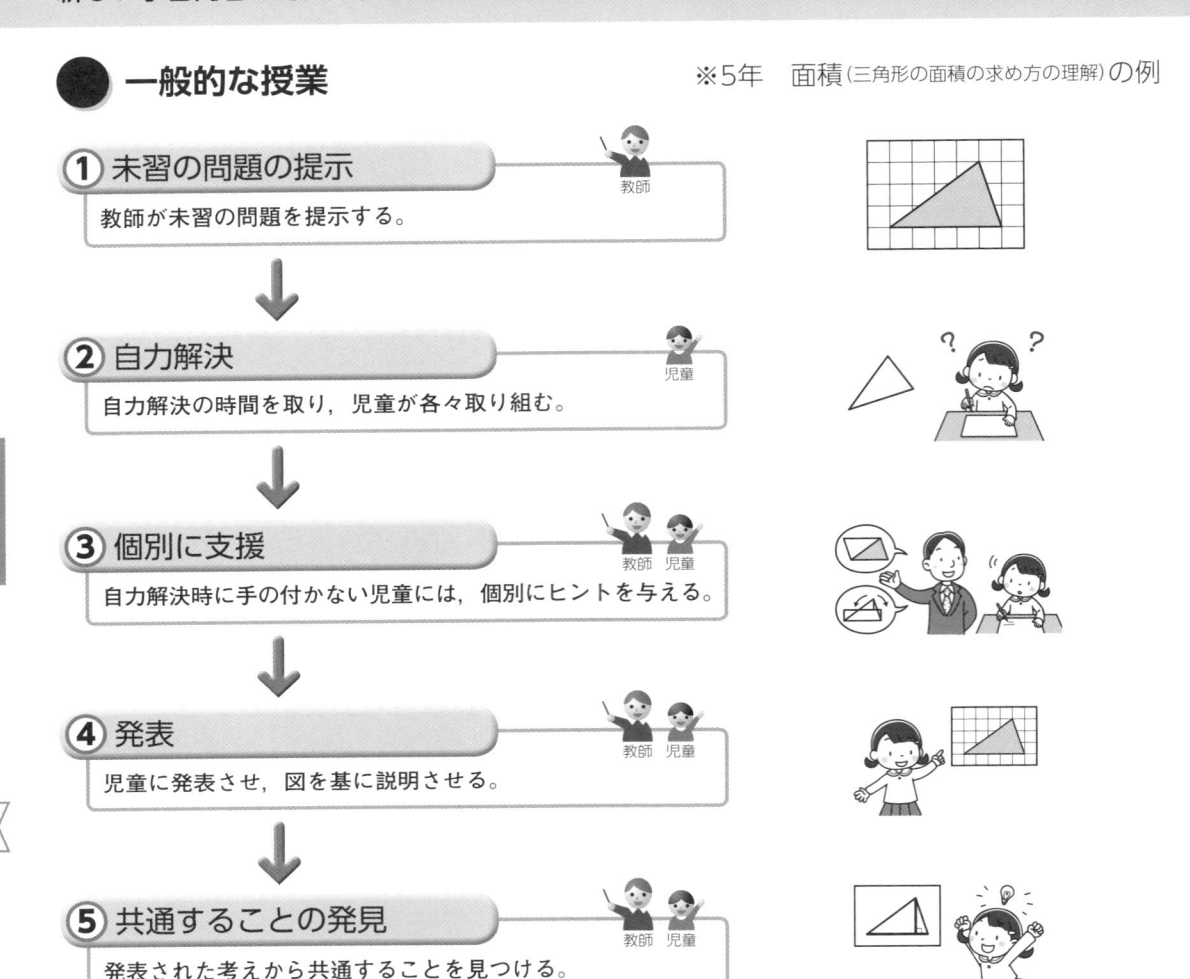

● 一般的な授業

※5年　面積(三角形の面積の求め方の理解)の例

① 未習の問題の提示
教師が未習の問題を提示する。
教師

↓

② 自力解決
自力解決の時間を取り，児童が各々取り組む。
児童

↓

③ 個別に支援
自力解決時に手の付かない児童には，個別にヒントを与える。
教師　児童

↓

④ 発表
児童に発表させ，図を基に説明させる。
教師　児童

↓

⑤ 共通することの発見
発表された考えから共通することを見つける。
教師　児童

問題点
ア．自力解決時に，教師からの支援が多く必要になる。
イ．児童にとって，前時の問題や既習の内容とのつながりが分かりにくい。

問題点を解決するために

授業事例		
3年 小数(小数の意味と表し方)	……………………………	54ページ
5年 小数のかけ算(整数×小数の計算の意味の理解)	………	58ページ
5年 面積(三角形の面積の求め方の理解)	…………………	62ページ
5年 割合(割合の意味の理解)	…………………………………	66ページ

教師…教師の指示・活動
児童…児童の学習活動

★ 既習から未習へ発展モデルを使った授業

❶ 既習と未習の問題を提示
既習と未習の題材を同時に提示する。または，既習の題材を提示して，数値や場面を未習の内容に発展できるようにしておく。

アの問題点 解決！
既習の内容から考えるので，教師からの支援の必要が少なくなる。

❷ 既習の内容を考える
まず，既習の内容から考える。

こっちなら分かるよ！

❸ 未習の内容を考える
既習の内容で考えたアイデアを生かして，未習の内容について考える。

❹ 共通点や相違点の整理
既習と未習の内容で考えたアイデアの共通点や相違点を整理してまとめる。

イの問題点 解決！
既習と未習の共通点や相違点，つながりが分かりやすい。

❺ 活用・発展
さらに発展させた場面を見せて，次の授業の問題を予告する。

第3章 モデル3 既習から未習へ発展モデル

このモデルの 意図 と 特長

1時間の授業の中で，既習と未習の問題を同時に見せることや，既習から未習の問題へ発展させることで未習の問題を解く手がかりを得ることが，このモデルのいちばんのねらいである。全員参加，全員理解の授業を目指すとき，有効な授業モデルとなる。

次のページから授業事例 ▶

既習から未習へ発展モデルの授業事例①

3年 小数
▶小数の意味と表し方

🧑‍🏫…教師の指示・活動
🧑‍🎓…児童の学習活動

用意するもの
50cmに切った厚紙…児童数分，150cmに切った厚紙，105cmに切った厚紙…2人1組に配れるように児童数の半分の枚数
（厚紙に5cmごとにミシン目が入っているものを使うと，本時での考えのヒントになり，切り離しも容易にできる）
50cm前後の長さに切ったリボン…児童数分

1 既習と未習の問題を提示

T：今日は，この1時間だけこのクラスをセイヤマ王国ということにします！（王国には授業者の名前をつける。）
　この王国には，1セイ（50cm）という単位の長さがあります。（単位の名前も自由に決める。）
（🧑‍🏫 1セイを黒板に提示。）

　　　1セイ ▬▬▬▬

みんなにも配ります。（全員にこの単位を配付する。）
C：ありがとうございます。
T：さすが礼儀正しい。よい子たちじゃ。（遊び感覚で劇のように受け渡しをする。）

T：では，みんなが この単位を使って長さを表すことができるか試してみます。

　この長さは，何セイでしょうか？　まずは，見た目で予想してみましょう。
（🧑‍🏫 黒板に150cmのテープを掲示する。）

　　　▬▬▬▬▬▬▬▬▬▬▬▬

C：2セイかな。
C：いや，もっと長いよ。3セイぐらいだと思う。
T：では，誰か実際に測ってもらえますか。
C：はい！　私がやります！
C：1セイが3本分だから，3セイだと思います。
（🧑‍🎓 黒板の前に来て，自分の1セイの単位を使って測る。友だちの1セイを使って，つなげていってもよい。）

　　　3セイ ▬▬▬▬▬▬▬▬▬▬▬▬
　　　1セイ ▬▬▬▬┄┄┄┄┄┄┄┄

T：よし。3セイですね。黒板に書いておきます。
　では，この長さはどうでしょうか？（🧑‍🏫 黒板に105cmのテープを掲示する。）

　　　▬▬▬▬▬▬▬▬

C：今度は，2セイだ！
C：そうだよ，2セイに見える。
T：よし，それでは，誰か確かめてくれますか。

板書 既習の整数を使って長さを表す様子

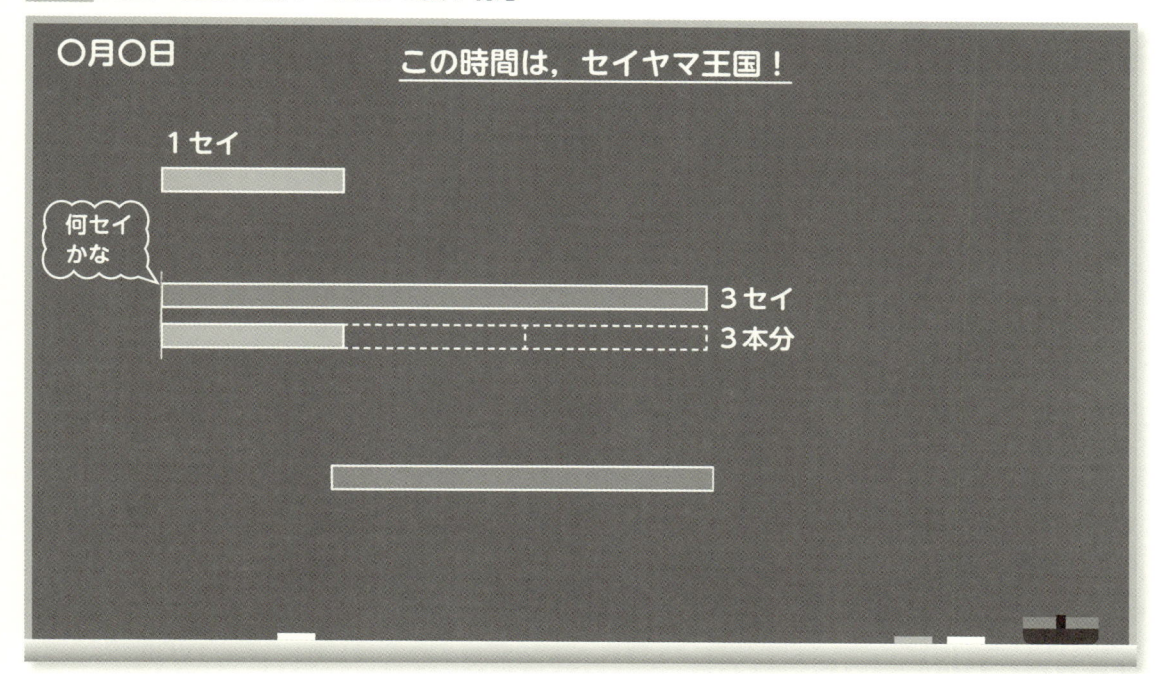

○月○日　　　　　この時間は，セイヤマ王国！

1セイ

何セイ
かな

3セイ
3本分

C：はい，やってみたいです！

1セイ

C：あれっ，2セイよりも長いよ。
C：本当だ。ちょっと長い。
C：2セイとちょっとだ。

❷ 既習の内容を考える

T：その，「ちょっと」という長さをどう表せばいいでしょうか？
　　このテープと同じ長さのものを2人に1本配るので，隣の人と一緒に考えてみましょう。
C：分かった。分数を使えばいいんじゃないかな。
C：1セイは，ミシン目で10個に分かれるでしょ。はみ出している部分が，ちょうどミシン目の1個分になっているから，$\frac{1}{10}$セイでいいと思います。
T：どういうことか，黒板の前で説明してもらえますか。

Point! $\frac{1}{10}$セイと表せる。

1セイ

C：「ちょっと」の長さが，1セイを10等分したうちの1つ分の長さだから，「10分の1セイ」と言ったらいいと思います。
T：なるほど。今までに学習した分数を使って表すというのは，とてもいいアイデアですね。「$2\frac{1}{10}$セイ」と表せますね。（板書する。）

既習から未習へ発展モデルの授業事例①　3年　小数（小数の意味と表し方）

❸ 未習の内容を考える　　❹ 共通点や相違点の整理

T：今日は，さらに新しい表し方を教えますよ。この「$\frac{1}{10}$セイ」を「れい点1セイ」と表すことができます。「0.1」と書きます。（👤0.1を板書する。）
　このような数を見たことがありますか？
C：あります！　1.5Lのペットボトルがあります。
C：僕の視力は，1.2です。
T：なるほど。そうですね。身の回りにもこのような数がありますね。このような数を「小数」といいます。（👤板書する。）
　0.1セイは，どういう意味ですか。改めて教えてください。
C：1セイを10個に分けた1つ分の長さです。
T：そうですね。「ちょっと」のところが0.1セイだから，全体の長さは，どう表せばいいでしょうか。
C：2と0.1セイかな。
C：0.1セイの0は一の位だから，2.1セイでいいんじゃないかな。
C：そうか。1.5Lという言い方をするよね。
T：では，この長さを「2.1セイ」と表す，でいいですね。

❺ 活用・発展

T：それでは，最後に，くじ引きで遊びましょう。全員に1本ずつリボンを引いてもらいます。今まで，3セイ，2.1セイ，という長さが出ました。最後は，見事1セイの長さのリボンを引いたら「あたり」ということにしましょう。
　引いたら長さを測ってください。発表してもらいます。
C：どれにしようかな。
C：よし，これだ。1セイか確かめてみよう。
C：あっ，惜しい。1.1セイだ！
C：私は，1.3セイだった。
C：0.9セイだよ。残念。
　（👤1セイは，クラス全体で1本か2本ぐらいにして，なるべく多くの児童が小数で表現する練習ができるようにする。）
C：やった！　ぴったり1セイだ！

板書 小数を使って長さを表している様子

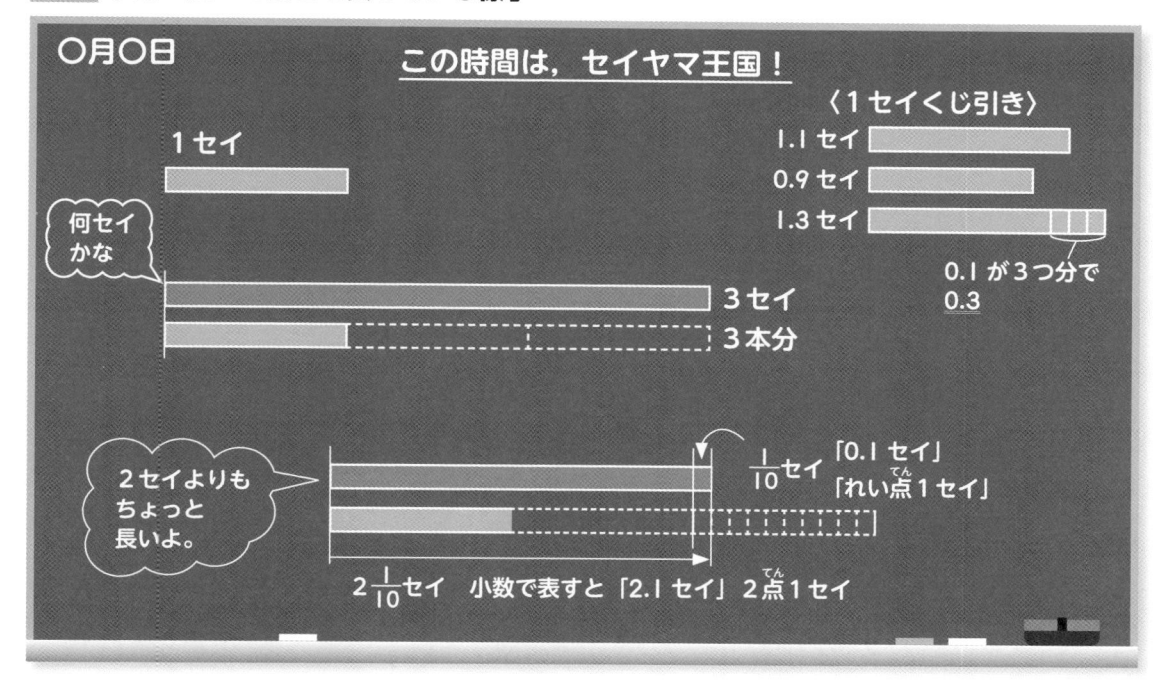

○月○日　　この時間は，セイヤマ王国！

〈1セイくじ引き〉

1セイ

何セイかな

1.1セイ
0.9セイ
1.3セイ

0.1が3つ分で0.3

3セイ
3本分

2セイよりもちょっと長いよ。

$\frac{1}{10}$セイ　「0.1セイ」「れい点1セイ」

$2\frac{1}{10}$セイ　小数で表すと「2.1セイ」2点1セイ

ねらいと解説

〈ねらい〉

既習の分数を生かして，小数の意味とその表し方を理解することがねらいである。

〈解説〉

既習から未習への授業構成の意味は，2つある。1つは，既習の分数から未習の小数の学習へ行く場面をつくっていることである。（教科書によっては，小数を先に学習することもある。）もう1つは，整数を使って表せる場面から，整数で表せない場面を扱っていることである。両方の意味で，既習から未習への授業構成を演出している。

なぜ，セイヤマ王国という場面を設定し，「1セイ」という架空の単位を用いて学習したかの理由を述べる。

一般に小数の導入では，液量を用いることが多い。1dLでは表せない液量をどうやって表すかという問題場面である。このとき問題に感じるのは，mLという下位単位を使えば表すことができることである。それを封じてdLを使って表させるところに違和感がある。

また，液量を扱うといっても，実際には平面上に図で表された量となっている。視覚的には，長さで学習しているのである。

もう1つ問題点を挙げるならば，児童は，日常生活の中で「小数」に触れる機会が多いので，知っている児童がすぐに小数で表現してしまいがちな点である。特に液量を表したり，身長や体重，視力などを表したりするのに自然に小数を使っている。そこで，日常生活の場面ではなく，非日常的な場面であるセイヤマ王国の「1セイ」という架空の単位を題材にした。そうすることで，すぐに知っている小数を思い浮かべるのではなく，分数の表現との関連や「10個に分けた1つ分」という原理に意識を集中させることができると考えたのである。

最後のくじ引きは，いわゆる適用問題である。今学習した小数の意味を使って，ほかの長さを表すことで，習熟を図ろうとしたものである。

既習から未習へ発展モデルの授業事例②

5年 小数のかけ算
▶整数×小数の計算の意味の理解

🧑‍🏫…教師の指示・活動
🧑‍🎓…児童の学習活動

用意するもの
1mの紙テープ…1枚，2.3mの紙テープ…1枚

❶ 既習と未習の問題を提示

T：これは，リボンです。代金は80円です。（🧑‍🏫 1mの紙テープを掲示する。）

T：では，これを見てください。（🧑‍🏫 2.3mの紙テープを掲示する。）

このリボンは同じ種類のリボンですが，少し長めです。 **代金はいくらだと思いますか？**
C：160円ぐらいでしょ。

❷ 既習の内容を考える

T：どうして160円ぐらいだと思ったのですか？
C：長さが2倍ぐらいだから，
　　代金も2倍ぐらいだと思いました。
C：そうです。80×2＝160 で160円ぐらいです。
C：いや，2倍よりもう少し長いでしょ。
　　だから，165円ぐらいじゃないかな。
T：それはどういうことですか？
C：リボンの長さは，2倍とちょっとだと思います。
　　80×2＝160 これが2倍の長さの代金。160＋5＝165 ちょっとが5円分です。

Point!
予想の理由を聞くことで，長さが○倍になるから代金も○倍になるといった，比例関係の話を引き出したい。それが，新しい演算決定の根拠になる。

板書 代金を予想している様子

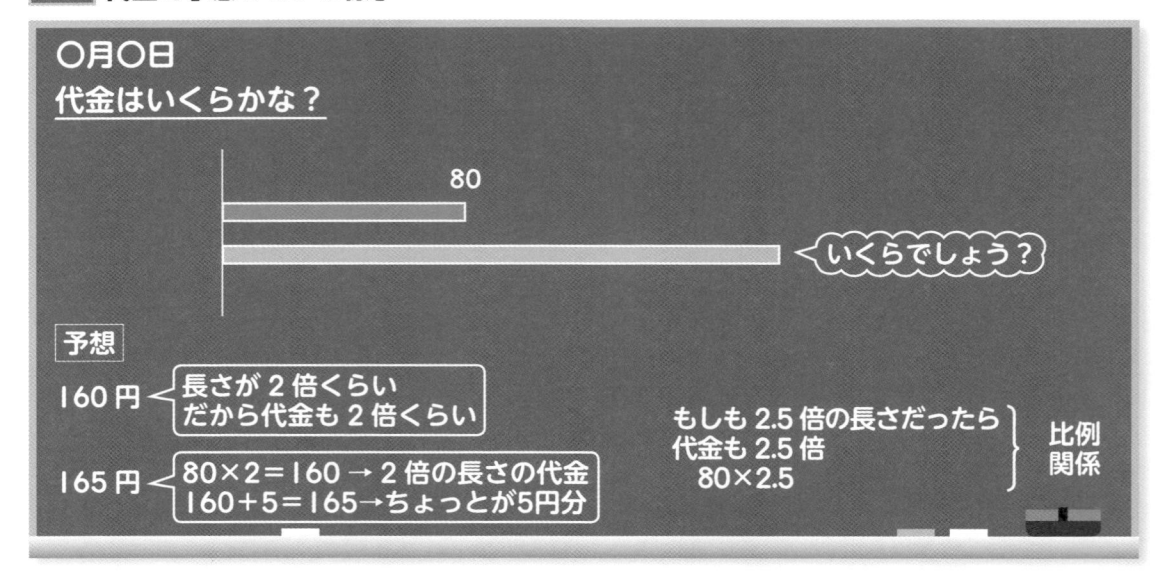

○月○日
代金はいくらかな？

80
いくらでしょう？

予想
160円｛ 長さが2倍くらい
　　　　だから代金も2倍くらい

165円｛ 80×2＝160 → 2倍の長さの代金
　　　　160＋5＝165 → ちょっとが5円分

もしも2.5倍の長さだったら
代金も2.5倍
80×2.5
｝比例関係

❸ 未習の内容を考える　　　**❹ 共通点や相違点の整理**

C：もしも長さが2.5倍だったら，代金も2.5倍でしょ。だから，80×2.5で計算できます。
　　80×2＝160　80×0.5＝40　160+40＝200　だから，200円ぐらいだと思います。
T：なるほど，もしも2.5倍の長さだったら，代金も2.5倍だから，
　　80×2.5の式で求められるのですね。80×0.5＝40でいいでしょうか？
C：0.5倍ということは，半分になるでしょ。だから40になります。
T：長さが2倍になると代金も2倍，長さが2.5倍になると
　　代金も2.5倍という関係は，どんな関係といえますか。

> **Point!**
> 比例関係が既習ならば，必ず確認しておきたい。

C：比例の関係です。
T：では，どうすればリボンの代金を決めることができるでしょうか？
C：リボンの長さが知りたいです。
T：長さが分かれば，代金が分かるでしょうか？
C：長さが分かれば，長い方のリボンは，80円のリボンの何倍かが分かります。だから，代金も求めることができます。
C：でも，長さが分からなくても大丈夫だよ。
T：どうするのですか？
C：短い方を使って長い方を調べればいいと思います。こうやって，2本目，3本目とつなげて印を付けておきます。

C：あっ，本当だ。2倍よりも少し長い。あとどれぐらいかな。
C：最後の1本分は，半分に折ってみたら？
C：折ったけど，それよりも短いから，2.5倍より短いということだね。

C：だったら，10等分してみたらどのぐらいか分かるよ。
C：よし，やってみよう。

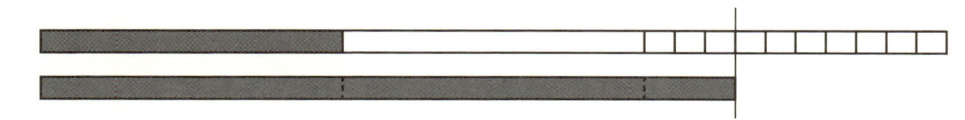

C：2.3倍だ！
T：2.3倍というのは，どういうことですか？
C：ここまでが2倍でしょ。あと，0.3のところまで長さがあるから，2.3倍ってことです。
T：そうか，これなら長さはいらないですね。でも，一応長さも測っておきましょうか。
C：測りたいです。80円のリボンは，1mです。（ 🧒 ものさしをあてて測る。）
C：ということは，長い方は，2.3mってことだよね。
C：そうだね。だから，2.3倍なんだ。

既習から未習へ発展モデルの授業事例② **5年** 小数のかけ算(整数×小数の計算の意味の理解)

T：では，この図を使って今まで分かったことを数直線にしてかき込んでみます。
（意味を説明しながら，黒板に貼った紙テープの上下に，比例数直線を①～③の順にかき込む。児童にも，ノートにかくように指示する。）

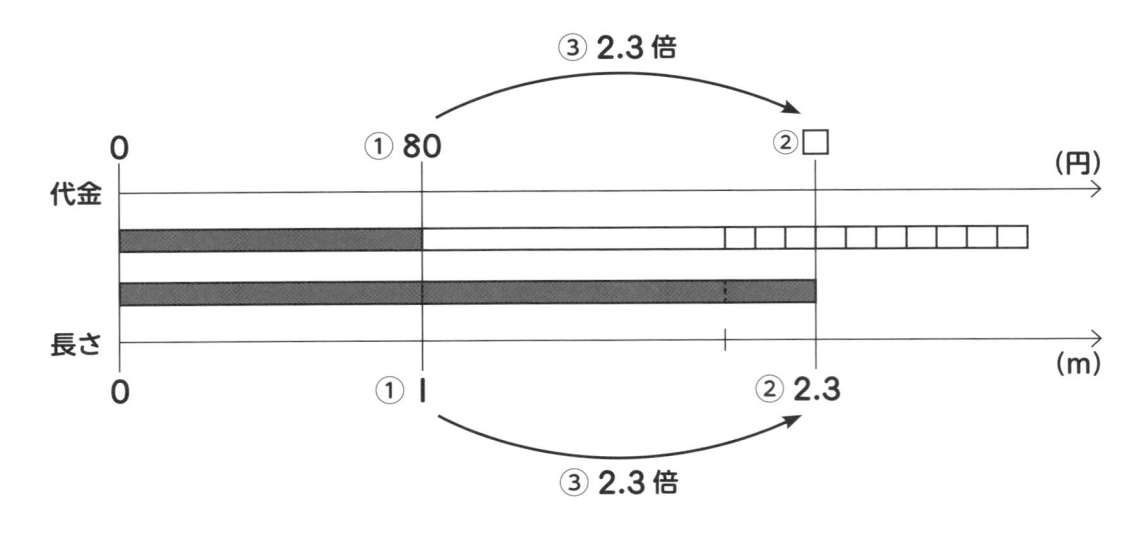

5 活用・発展

T：もしも，リボンが3.5mだったら，代金を求める式はどうなるでしょうか？
ノートに書いてみましょう。
T：では，どんな式になりますか？
C：80×3.5です。
T：どうして80×3.5になるのですか？
C：長さが3.5倍になるから，代金も3.5倍になります。だから，80×3.5です。
T：これで，小数をかけるときの意味が分かってきましたね。
T：それでは，80×2.3の答えを考えてみましょう。
（しばらく自力解決の時間を取る。）
T：それでは，発表してみましょう。
C：80÷10＝8　　8×23＝184　　184円です。
T：この式はどういう意味でしょうか？
C：80÷10＝8　で，0.1mの代金が8円です。2.3mは，0.1mの23倍だから，8×23＝184で，184円です。（黒板上で図を使って説明する。）
T：ほかのやり方はありますか？
C：80×2.3の2.3を10倍して，80×23＝1840　かける数を10倍したので，答えを$\frac{1}{10}$にします。1840÷10＝184　だから，184円です。

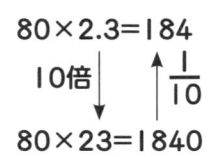

$$80 \times 2.3 = 184$$
$$10倍 \downarrow \quad \uparrow \frac{1}{10}$$
$$80 \times 23 = 1840$$

板書 数直線を使って，小数のかけ算の意味を説明する様子

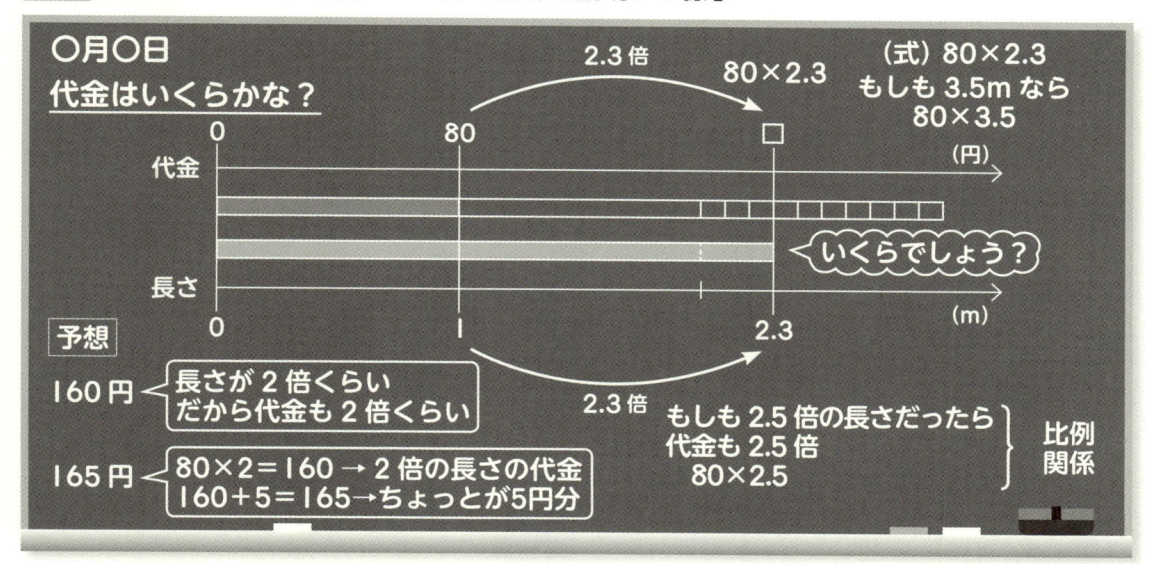

○月○日
代金はいくらかな？

（式）80×2.3
もしも 3.5m なら
80×3.5

予想
160円 ← 長さが2倍くらい
だから代金も2倍くらい

165円 ← 80×2=160 → 2倍の長さの代金
160+5=165→ちょっとが5円分

もしも2.5倍の長さだったら
代金も2.5倍
80×2.5
 ｝比例関係

T：80×23ということは，意味を考えると，何mのリボンの代金を求めたことになりますか？
C：23mです。
C：そうか，23mの代金が1840円。2.3mは23mの$\frac{1}{10}$だから，代金も$\frac{1}{10}$になるね。
　　だから，1840÷10=184　で代金が求められるんだ。

ねらいと解説

＜ねらい＞

これまでのかけ算の意味は同数累加が基本的な意味になっている。本時は，かけ算の意味を拡張して，割合（倍）を根拠に小数をかける場合の立式をできるようにすることがねらいである。

＜解説＞

長さが示されていないリボンを提示し，代金だけ伝える。もう1本長めのリボンを提示し，そのリボンの代金を予想するところから授業をスタートする。

児童は，整数倍から小数倍といった流れで解答に迫っていくので，既習から未習へのプロセスをたどることになる。

新しいかけ算の意味を教える概念指導の場面である。児童からその教えたい内容にあたる言葉をどれだけ引き出せるかが勝負だと考えている。

小数をかける場合の立式の根拠のキーワードは，「倍」である。一方が何倍になるから，もう一方も何倍になる。だから，小数をかける場合の式を立てるといった言葉を児童から引き出すために，このようなシンプルな問題場面をつくった。

4年生のときに，わり算の商として小数倍を扱っておくことがポイントになる。例えば，50cmのリボンは，20cmのリボンの何倍か，といった問題に対して，50÷20=2.5で2.5倍といった問題解決の経験をしておくことである。

2本の比例数直線については，提示した半具体物（テープ）の上下にかくようにして，長さと代金を数直線上に位置付ける。これで，抽象的な数直線の意味理解の助けになるだろう。

既習から未習へ発展モデルの授業事例③

5年 面積
▶三角形の面積の求め方の理解

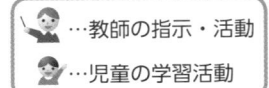

用意するもの
直角三角形をかいた方眼紙…1枚，直角三角形と底辺の長さ・高さが同じ三角形をかいた方眼紙…1枚

1 既習と未習の問題を提示

T：これは何でしょうか？**（図1）**
C：直角三角形です。
T：そうですね。これは直角三角形です。
　この⑦の頂点を右に移動させました。それでできた三角形がこれです。**（図2）**

①**（図1）**　　　　②**（図2）**

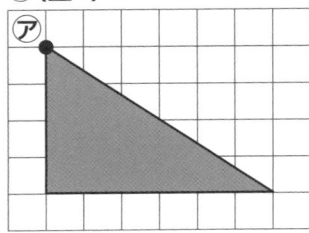

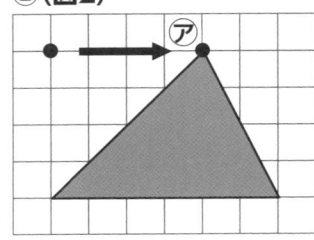

C：二等辺三角形かな？
T：これは，二等辺三角形ではないですね。普通の三角形です。

| どちらの三角形の方が，面積が大きいでしょうか？ |

C：うーん。どっちかな。
T：では，まずは見た目で予想してみましょう。①の三角形だと思う人？
　②の三角形だと思う人？
C：同じはありませんか。
T：なるほど。同じという選択肢もあっていいですね。同じだと思う人？
　（それぞれ挙手させて，人数を板書しておく。）
T：どうしてそう思ったのですか？
C：下の辺の長さと高さが変わらないから，同じだと思いました。
C：頂点が真ん中の方にきた方が三角形が膨らんで面積が大きくなると思いました。だから，②だと思います。

Point! 「高さ」や「底辺」など面積に関する言葉が出たら板書しておく。

2 既習の内容を考える

T：では，面積を考えてみましょう。どちらの三角形の方が考えやすいでしょうか？
C：直角三角形です。
T：どうして直角三角形だと面積が考えやすいのですか？
C：長方形の半分だからです。
T：その見方は面積を求めるヒントになりますね。では，求めてみましょう。

板書 底辺の長さと高さが同じ三角形の面積の大きさを予想する様子

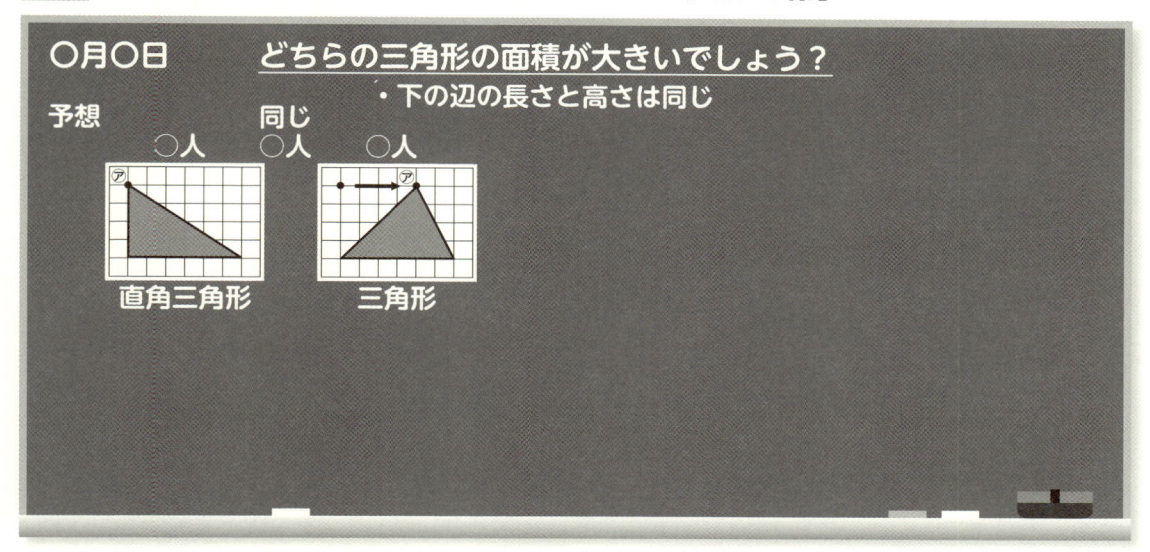

○月○日　　どちらの三角形の面積が大きいでしょう？
・下の辺の長さと高さは同じ

予想　　　　同じ
　　○人　　○人　　○人
　直角三角形　　　三角形

C：できました。
T：では，発表してみましょう。
C：図で考えました。かいてもいいですか。
T：では，黒板の図にかいてください。
C：できました。(図3)
T：では，誰かこの図を見て，説明できませんか。
C1：はい。Aの部分を上に移動して，正方形を作ります。(図3A)
　　同じようにBの部分を上に移動させて，
　　正方形を作ります。(図3B)
　　あと2か所も同じように移動させて，
　　これで正方形が12個になるので，12㎠です。
C2：もっと簡単にできます。
　　ABで切って，こちらに動かすと，長方形ができます。
　　2×6＝12　で12㎠です。(図4)
C3：同じように長方形にして考えました。
　　4×6＝24　24÷2＝12　で12㎠です。
T：この式はどういう意味でしょうか。
　　隣の人と話し合ってみましょう。
（🧑 話し合う時間を取る。）
C：4×6＝24　は，長方形の面積です。
　　求めたい直角三角形は，その長方形の半分だから，
　　24÷2＝12　で12㎠となります。(図5)
C：長方形は，対角線で半分の面積になるから
　　「÷2」でいいと思います。
T：では，直角三角形は12㎠でいいですね。

(図3)

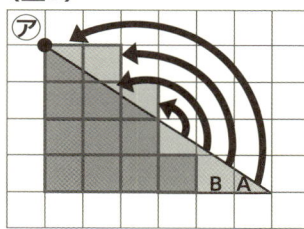

(図4)

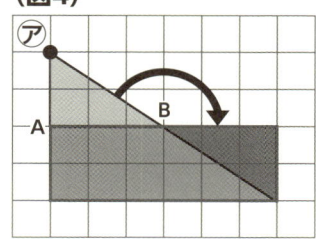

(図5)

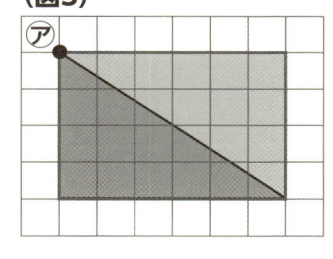

既習から未習へ発展モデルの授業事例③ **5年** 面積（三角形の面積の求め方の理解）

❸ 未習の内容を考える

T：次に，②の三角形の面積も考えてみましょう。
　　（あまり自力解決が進まない場合）
　　求め方のヒントを言ってもらいましょう。
　（👦長方形を使って求めている児童に発表させる。）
C：長方形を使って求めています。
C：線を引くと，長方形が使えます。
　（👦児童にヒントを言わせるか，またどの程度まで言わせるかは，
　　クラス全体の様子を見ながら判断する。）
C：できました。
　　4×4＝16　16÷2＝8
　　4×2＝8　　8÷2＝4
　　8＋4＝12　で12㎠です。**(図6)**

❹ 共通点や相違点の整理

T：これは，直角三角形のときの誰のアイデアに
　　似ていますか。
C：C3のアイデアに似ています。
C：ほかのやり方ができました。
　　2×6＝12　12㎠です。
T：この式の意味が分かりますか？
C：C2の式と同じだから長方形にして考えたのかな。
C：分かった。ABとCDで切って動かしたんだと思います。**(図7)**
　（👦黒板の前に出て説明する。）

(図6)

(図7)

板書 いろいろな求め方を考えた様子

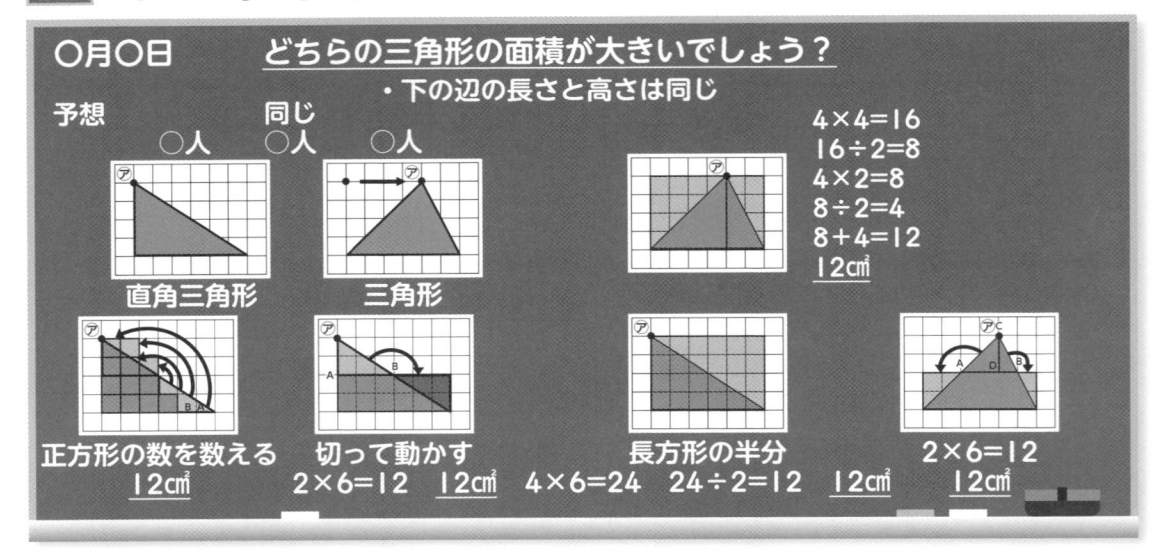

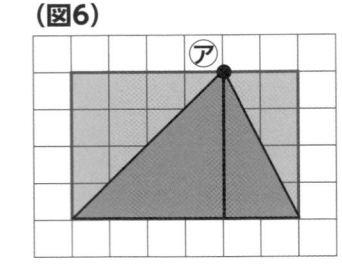

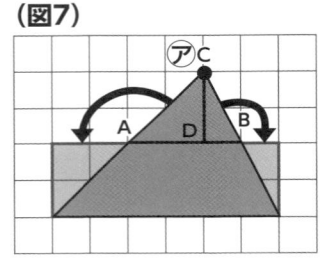

○月○日　どちらの三角形の面積が大きいでしょう？
・下の辺の長さと高さは同じ

予想　　　同じ
○人　　　○人　　　○人

直角三角形　　　三角形

4×4＝16
16÷2＝8
4×2＝8
8÷2＝4
8＋4＝12
12㎠

正方形の数を数える　　切って動かす　　　長方形の半分　　　　2×6＝12
12㎠　　　　　　2×6＝12　12㎠　4×6＝24　24÷2＝12　12㎠　12㎠

C：①と②の三角形は，同じ面積だったんだね。
T：では，最後にまとめておきましょう。どのように考えて面積を求めたのでしょうか？
C：長方形の半分の直角三角形と見て面積を求めました。
C：動かして，長方形にして求めました。
C：正方形のいくつ分と見て求めました。
C：簡単なのは，長方形の半分として求める方法でした。

❺ 活用・発展

T：では，この図を見てください。⑦の頂点をさらに右に動かしていくと，このような三角形ができますね。(図8)
この三角形の面積はいくつでしょうか。
次の時間に考えてみましょう。

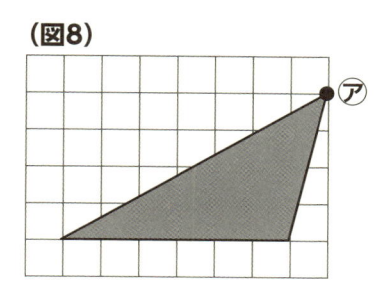

(図8)

ねらいと解説

〈ねらい〉
　直角三角形と一般三角形の面積を比較することを通して，三角形の面積の求め方を考えることがねらいである。導入なので三角形の面積の公式を考えるところまでは扱わない。等積変形や倍積変形をしながら三角形の面積について考える児童の姿を引き出したい。

〈解説〉
　直角三角形の面積は長方形の半分の面積であるということは，図形の学習を通して既習といってもよい。長方形の色紙を対角線で切って，直角三角形をつくる活動をしている。2つできた直角三角形は，ぴったり重なるので合同である。
　「長方形の面積÷2＝直角三角形」の意味をしっかり理解しておいてから，一般三角形の面積の求め方を考えることで，最初から求め方を発想するのではなく，直角三角形の求積をヒントに考えることができる点が，この授業構成の利点である。
　もしも，考えることが困難な児童がいたら，直角三角形の面積の求め方をヒントに出すことができるので，指導をしやすい。
　さらに，動かした頂点⑦をさらに右に動かすことで，高さが三角形の中にとれない鈍角三角形をつくることができる。つまり，同じ問題場面の文脈で特殊な直角三角形，鋭角三角形，鈍角三角形と扱うべき三角形の種類をカバーすることができる。2時間目，または3時間目に鈍角三角形の面積の求め方を考える展開になる。
　三角形の面積を求める公式は，3種類の三角形の面積が，底辺と高さが変わらないから面積も等しいのではないかという問いをもたせ，底辺と高さに着目して今までの求め方を整理することで公式を考える展開にする。

既習から未習へ発展モデルの授業事例 ④

5年 割合
▶割合の意味の理解

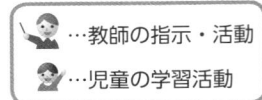

…教師の指示・活動
…児童の学習活動

用意するもの
ロボットのマスコット人形(各部位の長さの例：頭6cm, 腕12cm, 胴10cm, 足24cm)
ロボットを実際の1.5倍の大きさでかいたポスター(足はカラーの工作用紙などで作り, 自由に伸ばしたり縮めたりできるようにする)

❶ 既習と未習の問題を提示

T：あるクラスでこのようなロボットのマスコットを作りました。
また, このマスコットをよく知ってもらうためにポスターを作りました。

マスコット　　ポスター

▲実際の授業の様子

C：足の長いロボットのマスコットだね。
C：あれっ, ポスターのロボットの足が短いよ。
T：そうですね。実はこのポスターのロボットの足は伸ばせるようになっています。どのくらい伸ばしたらちょうどいいでしょうか？ 先生が伸ばすので, このロボットをうまく表せていると思うところで「ストップ」と言ってください。
（すかさず速いスピードで足をかなり長めに伸ばす。）
C：ストップ！ あ, 間に合わなかった！ これでは長すぎるよ。

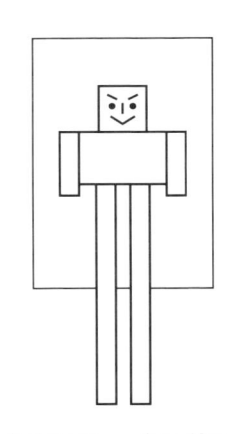

Point!
極端に長い例を示すことで足の長さについてのイメージをつかませる。

T：それでは, もう1回やります。今度はゆっくり伸ばします。
これではどうでしょうか？
（マスコットとポスターの足の先の位置が横一直線にそろうところまで伸ばす。）

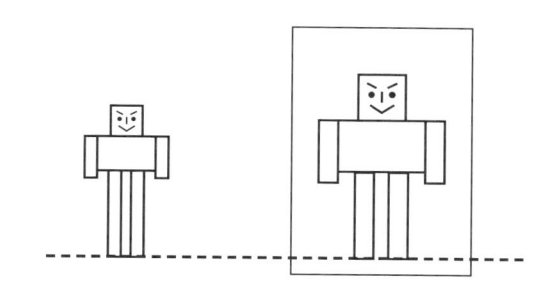

C：まだおかしいよ。ポスターのロボットの方が足が短い。
T：そうですか？おかしいなあ。同じ長さなのに。
C：ポスターの方がロボットが大きいから，もっと足が長くなるはずだよ。それでは，バランスが悪い。
T：それでは，どのへんがちょうどいいでしょうか？
　　もう1回やるので，「ストップ」と言ってください。
　（🧑‍🏫ロボットの足をゆっくりと伸ばす。）
C：ストップ！

❷ 既習の内容を考える

Point! 「2倍」など割合に関する言葉が出たら板書する。

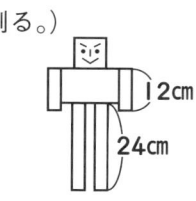

T：どうしてここがちょうどいいと思ったのですか？
C：マスコットを見ると足の長さは腕の長さの2倍くらいだから，このへんかなと思った。
T：だいたいよさそうですが，これは正確でしょうか？
C：長さが分からないから正確とはいえないよ。
T：長さが分かればできますか？それでは，実際にものさしで
　　測ってみましょう。
　（🧑‍🏫マスコットの腕の長さと足の長さをものさしで測る。）
T：これで分かりますか？
C：ポスターのロボットの長さも測らないと
　　分からないよ。
T：それでは，ポスターのロボットの方も
　　測ってみましょう。
　（🧑‍🏫ポスターの腕の長さをものさしで測る。） 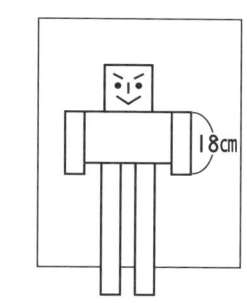
C：マスコットの腕の長さは12cm，足の長さは24cmです。ポスターの腕の長さは18cmです。
　　ここから，24÷12＝2　18×2＝36　で，ポスターの足の長さは36cmにすればよいことが分かります。
T：24÷12＝2　の2とはどういうことですか？
C：足の長さは，腕の長さの2倍ということ。
C：腕を1としたときに足が2にあたるということです。

Point! 2が何を表しているかを問うことで，割合についての感覚をつかませる。

❸ 未習の内容を考える

T：この36cmをほかの方法でも調べることができますか？
C：腕じゃなくて頭の長さを使ってもできるよ。
C：胴体の長さでもできそうです。

既習から未習へ発展モデルの授業事例④　5年 割合（割合の意味の理解）

T：それでは，マスコットとポスターのそれぞれの部分の長さを測って調べてみましょう。
（👦マスコットとポスターのそれぞれの部分の長さをものさしで測らせる。）

板書 マスコットの腕の長さをもとにポスターのロボットの腕の長さを求めている様子

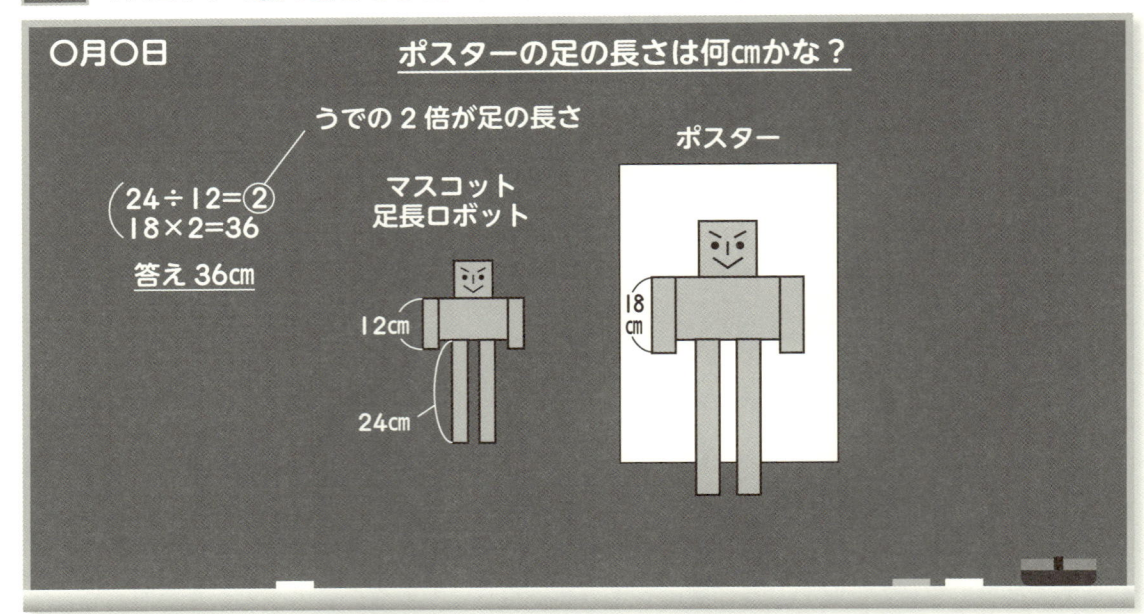

```
〇月〇日        ポスターの足の長さは何cmかな？

          うでの2倍が足の長さ
                           ポスター
                   マスコット
 24÷12=②        足長ロボット
 18×2=36

  答え 36cm        12cm          18cm
                   24cm
```

C：私は頭の長さを使って調べました。
　　24 ÷ 6 = 4　　足の長さは頭の長さの4倍です。ポスターの頭の長さは9cmだから，
　　 9 × 4 = 36　　だから36cmです。
C：ぼくは胴体の長さを使いました。
　　24 ÷ 10 = 2.4　足の長さは胴体の長さの2.4倍。
　　15 × 2.4 = 36　で，36cm。

Point! 胴体の長さを使うと小数倍で表すことになる。

C：私はロボットの身長を使って調べてみたよ。
　　24 ÷ 40 = 0.6　足の長さは身長の0.6倍。
　　60 × 0.6 = 36　だから，36cm。

Point! 身長の数値を使うと純小数の小数倍で表すことになる。ここから「割合」につなげていく。

❹ 共通点や相違点の整理

T：いろいろな部分の長さを使って調べることができましたね。みんなが出してくれたこの「2倍」とか「4倍」とか「2.4倍」とか「0.6倍」という数を，「割合」といいます。
　　「割合＝比べられる量÷もとにする量」で求めることができます。
C：今日は，割合を使ってポスターのロボットの足の長さを求めることができたね。

※「⑤活用・発展」は省略

板書 割合の考え方を使って正しい足の長さを求めている様子

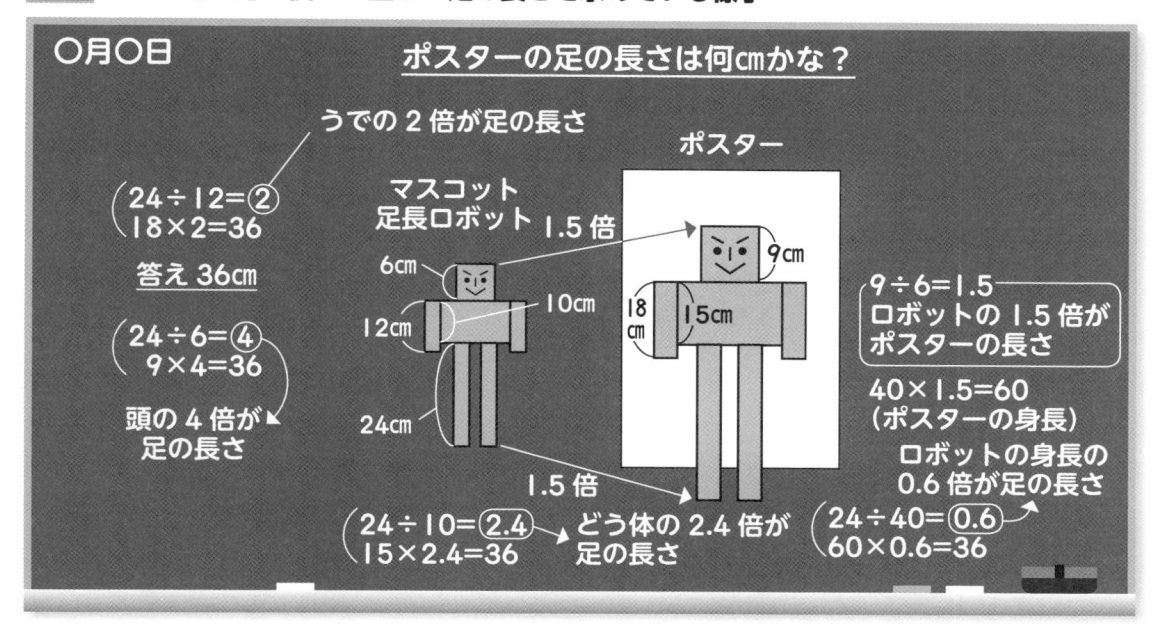

○月○日　　　ポスターの足の長さは何cmかな？

うでの2倍が足の長さ

24÷12=②
18×2=36
答え 36cm

24÷6=④
9×4=36
頭の4倍が
足の長さ

マスコット
足長ロボット　1.5倍
6cm
12cm　10cm
24cm

ポスター
9cm
18cm　15cm
1.5倍

9÷6=1.5
ロボットの1.5倍が
ポスターの長さ

40×1.5=60
(ポスターの身長)
ロボットの身長の
0.6倍が足の長さ

24÷10=2.4
15×2.4=36
どう体の2.4倍が足の長さ

24÷40=0.6
60×0.6=36

ねらいと解説

＜ねらい＞

マスコットロボットの腕の長さと足の長さのように，部分と部分が何倍の関係になっているかを使って，ポスターの足の長さを決めることができ，割合の意味について知ることができる。

＜解説＞

本時は割合の導入である。割合の意味にあたる言葉を児童から引き出すために，児童が自然に割合（倍）を使って問題解決できる場面を用意した。あとは，その解決の仕方を児童に説明させることで，割合の意味を引き出すことができる。

題材の特徴は，視覚的な長さで割合のイメージを持たせようとしたことである。一般には，考察する対象が最初から表に数値として書いてあり，視覚的なイメージをもつことができない。

ポスターの足の長さを，実際のロボットと同じバランスの足の長さにするには，ロボットの部分と部分の内部比率を利用するのが自然である。

その内部比率，つまり倍関係を求めるとき，児童はまず簡単な整数倍を利用することが予想される。足の長さは，腕の2倍，頭の4倍の長さになっているので，ここに着目することは，割合に着目していることと同値である。同じようにポスターの足の長さも，ポスターの腕の長さの2倍，頭の長さの4倍で求めれば問題は解決する。

さらにほかの求め方を追究すると，帯小数倍を使うことが予想される。胴体の2.4倍が足の長さになっている。最後には，身長全体に対する足の長さが何倍になっているかについても考えさせたい。身長に対して足の長さは0.6倍という純小数倍になっているのである。

整数倍から帯小数倍，そして純小数倍と易から難へ向かう授業展開が期待できる。また，一方がもう一方の何倍かを求める学習は既習だが，その倍（割合）を使って同じ割合の量（長さ）をつくるのは，初めての活動ということになる。

新提案モデル 4 きまり見つけ1(ワン)・2(ツー)・3(スリー)提示モデル

計算の習熟で，児童がパターンを見つけるように問題を工夫する。

● 一般的な授業　※1年　繰り下がりのあるひき算(繰り下がりのあるひき算の練習)の例

① 計算問題（教師・児童）
教師が問題を1～2問提示し，児童が各々取り組む。

13-9

↓

② 答え合わせ（児童）
指名された児童が①で解いた問題の答えを発表する。

13-9＝4 です

↓

③ 計算方法の解説（児童）
②で答えを発表した児童が，計算の方法を説明する。

13を10と3に分けて…

↓

④ 計算練習（教師・児童）
教師が計算問題を多数出し，児童が各々取り組む。

①11-9　②14-9
③15-9　④12-8
⑤13-8

↓

⑤ 全員で答え合わせ（教師・児童）
児童を順番に指名するなどして，1問ずつ答え合わせをする。

11-9＝2　14-9＝5　15-9＝6

問題点
ア．児童が受け身になって，計算をやらされている授業になる場合がある。
イ．計算のための計算練習になっていて，目的がない。

問題点 を解決するために

授業事例		
1年 繰り下がりのあるひき算 (繰り下がりのあるひき算の練習)		72ページ
3年 かけ算 (2桁×2桁のかけ算の練習)		76ページ
4年 わり算の筆算 (3桁÷1桁のわり算の練習)		80ページ

👨‍🏫 …教師の指示・活動
🧑‍🎓 …児童の学習活動

★ きまり見つけ1・2・3提示モデルを使った授業

❶ 計算問題
教師が計算問題を提示し，1問ずつ取り組ませる。

↓

❷ きまり見つけ
❶で解いた問題の答えや式にきまりを見つける。

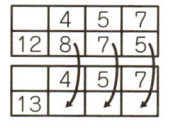

↓

❸ きまりの適用できる範囲を探る
見つけたきまりがほかの式でも使えるのかを確かめる。

↓

❹ きまりの適用
数値を大きくするなどして発展させ，きまりを使って解決する。
きまりを使った考え方が正しいかを計算を使って確かめる。

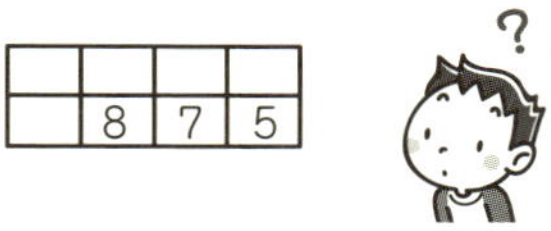

↓

❺ きまりの証明
なぜきまりが成り立つのかを考える。(演繹的に考えることが難しい場合は，この❺は省略する。)

> **アの問題点 → 解決！**
> 見つけたきまりが必ず使えるのか確かめるために，自分から計算をしたくなる。

> **イの問題点 → 解決！**
> 見つけたきまりがほかの式でも成り立つかを確かめるという目的ができる。

このモデルの 意図 と 特長

計算練習に割く時間は多い。その計算練習を工夫して，児童が計算したくなるようにするための1つの方法は，きまりを見つけることである。きまりが見えてくるような計算を3つ見せれば，児童は動き出す。きまりを見つけ，見つけたきまりを使ってさらに計算問題に取り組む。計算の習熟と数学的な考え方の育成をねらうのがこのモデルの意図と特長である。

次のページから授業事例▶

きまり見つけ1・2・3提示モデルの授業事例①

1年 繰り下がりのあるひき算
▶繰り下がりのあるひき算の練習

👨‍🏫…教師の指示・活動
👦…児童の学習活動

用意するもの
| 数表をかいた画用紙…5,6枚 |

❶ 計算問題

T：このように数が並んでいる□を「表」といいます。
　　右の表を見てください。
　　ここの?に入る数が分かりますか。**(図1)**
　（👨‍🏫表の?の欄をさす。）

(図1)
	4	5	7
12	?		

C：16！
T：なるほど，どうして16と思ったか分かりますか。
C：12と4をたして16としたと思います。
C：そうです。
T：たし算をしたのですね。ほかの数は考えられますか。
C：8です。
C：12から4をひいて8　としました。

(図2)
	4	5	7
12	8		

T：今度はひき算ですね。そうです，いろいろな見方をして，?の数を考えることができますが，この?には8が入ります。**(図2)** 12と4を使って8ができたのですが，どうやって8ができたか，もう一度言える人はいますか。
C：12－4＝8　で8ができました。
T：そうですね。では，隣の□にはいくつが入るでしょう。
C：12－5＝7　だから，7だと思います。
T：みなさんもそう思いますか。そうですね，ここには7が入ります。
C：次の□も分かりました！
C：次は，12－7＝5　で，5です。**(図3)**
T：よくできましたね。
　　次の表を見せます。あてはまる数が分かりますか？

(図3)
	4	5	7
12	8	7	5

C：分かりました，13－4＝9　だから，9です。
C：次の□は，13－5＝8　だから8になります。
C：次は，13－7＝6　で6です。
　（👨‍🏫児童が言う通りに表に書き込んでいく。同時に，黒板には横の式も書く。）**(図4)**

(図4)
	4	5	7
13	9	8	6

❷ きまり見つけ　　　### ❸ きまりの適用できる範囲を探る

C：先生，次に出す表が分かりました！
C：そうだよ，分かったよ！
T：どのような表でしょうか？
　（👨‍🏫便宜上，行の数を「横の数」，列の数を「上の数」として説明させる。）

C：表の横の数が14で，上の数が4と5と7でしょ。
T：みんな「横の数」と言っていますが，
　横の数は算数では何というのでしょうか？

> **Point!** 必要感をもたせて，算数の用語を使わせる。

C：ひかれる数だ。表の上の数は，ひく数です。
T：そうですね。そのような言葉でいうと，説明が伝わりやすいですね。
　でも，どうしてひかれる数が14と分かったのですか？
C：だって，ひかれる数が12，13ときたから，次は1増えて14だと思う。
C：今まで出た2つの表を見ると，ひく数は変わっていないでしょ。
　だから，また同じだと思います。
T：よく見ていたね，正解です。
　次の表は，これを出そうと思っていました。**(図5)**

(図5)

	4	5	7
14			

C：やっぱり！
C：最初の□は10だ！
C：14－4＝10　だから。
C：次は，14－5＝9　だから，9です！
C：次は，14－7＝7　だから，7です！　**(図6)**
C：あれっ，答えが1ずつ増えているよ。
T：今○○さんが，答えが1ずつ増えていると
　言いましたが，どういう意味ですか？

(図6)

	4	5	7
14	10	9	7

> **Point!** 友だちの考えを解釈させることで，大切なことを全員に理解させる。

C：だって，縦に見ると，8，9，10と1ずつ
　増えているでしょ。
C：真ん中も7，8，9と1ずつ増えているよ。
C：5，6，7も同じで1ずつ増えています。
T：今見つけたことを，こちらの横の式でも
　お話できるでしょうか？　**(図7)**
　（👤 横の式を使って，同じように説明する。）

(図7)

	4	5	7
12	8	7	5
	4	5	7
13	9	8	6
	4	5	7
14	10	9	7

❹ きまりの適用

T：ひかれる数が15でも同じことがいえるでしょうか？
　確かめてみましょう。
C：15－4＝11，15－5＝10，15－7＝8
　やっぱり答えは1ずつ増えている！　**(図8)**
T：ひかれる数が1ずつ増えると，
　答えはどうなっているといえるかな？
C：1ずつ増えているといえます。
　（👤「ひかれる数が1ずつ増えると
　答えも1ずつ増える」と板書する。）

(図8)

	4	5	7
15	11	10	8

きまり見つけ1・2・3提示モデルの授業事例① **1年** **繰り下がりのあるひき算**(繰り下がりのあるひき算の練習)

板書 表や式を使ってきまりを見つける様子

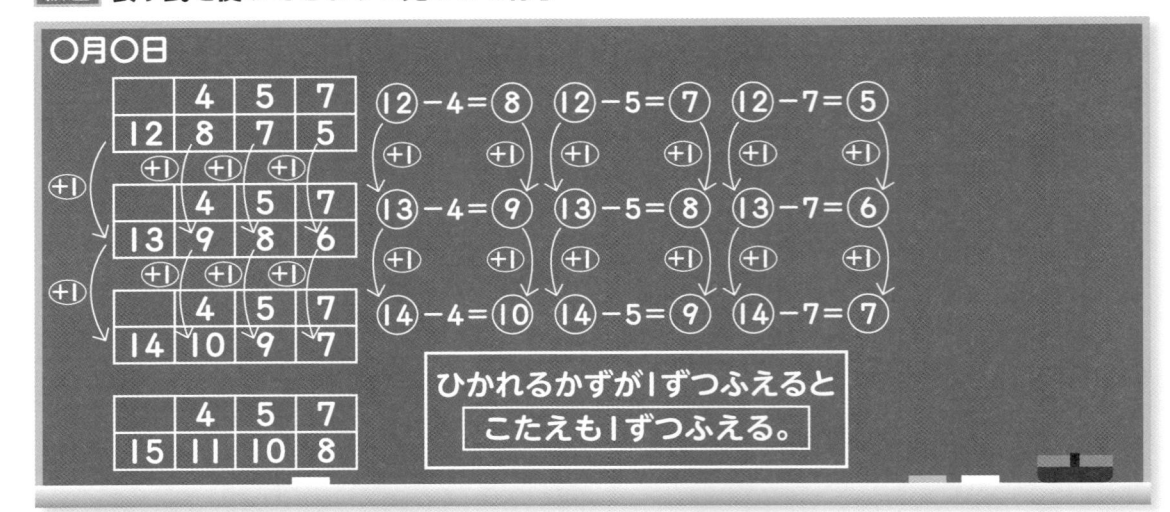

○月○日

	4	5	7
12	8	7	5

	4	5	7
13	9	8	6

	4	5	7
14	10	9	7

	4	5	7
15	11	10	8

⑫-4=⑧　⑫-5=⑦　⑫-7=⑤
⑬-4=⑨　⑬-5=⑧　⑬-7=⑥
⑭-4=⑩　⑭-5=⑨　⑭-7=⑦

（各段に +1 の矢印）

ひかれるかずが1ずつふえると　こたえも1ずつふえる。

❶ 計算問題

※本時の授業では，きまり見つけの場面が2回ある。

T：では，次の表を見てください。**(図9)**
C：あれっ，ひかれる数とひく数がないよ。
C：8と7と5は答えかな。
T：そうです。今度は，ひかれる数とひく数を探してみましょう。
C：先生，これって，さっきやったよ。
T：そうですか？
C：そうだよ。いちばん最初にやった表だよ。
C：だから，ひかれる数は12，ひく数は4と5と7でしょ。
T：なるほど…ひく数とひかれる数はこれしかないでしょうか。**(図10)**
（👤児童から意見が出てこなかったら，ひかれる数を13にして「13でできますか？」と問う。）
C：あっ，分かった。ひかれる数が13でもできるよ。
T：どういうことですか？
C：13-5=8　でしょ。だから，ひかれる数が13で，ひく数の1つが5になります。
C：13-6=7　だから，答えが7もできた！
C：13-8=5　もできたよ。答えが5もできた。**(図11)**
C：それなら，ひかれる数が14もできるのかな？
C：やってみよう！

(図9)

	8	7	5

(図10)

	4	5	7
12	8	7	5

(図11)

	5	6	8
13	8	7	5

❷ きまり見つけ

C：あっ，今度は，ひかれる数とひく数が1ずつ増えているよ。
T：本当だ。いい発見をしましたね。ひかれる数とひく数は増えているけど，答えは変わらないね。**(図12)**
（👤横の式でも説明させる。）

(図12)

	6	7	9
14	8	7	5

74

C：ひかれる数を15にしても，ひく数を1ずつ増やせば表ができるよ。

❸ きまりの適用できる範囲を探る

（👤 自由に計算してきまりを確める。）

板書 きまりを適用して，問題解決する様子

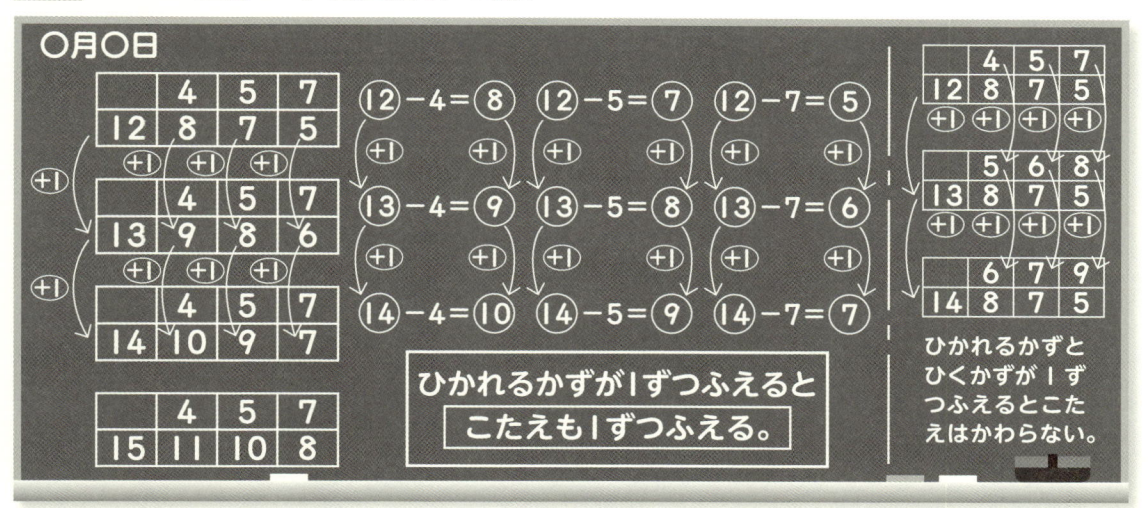

○月○日

	4	5	7
12	8	7	5

	4	5	7
13	9	8	6

	4	5	7
14	10	9	7

	4	5	7
15	11	10	8

⑫－4＝⑧　⑫－5＝⑦　⑫－7＝⑤
⑬－4＝⑨　⑬－5＝⑧　⑬－7＝⑥
⑭－4＝⑩　⑭－5＝⑨　⑭－7＝⑦

ひかれるかずが1ずつふえると
こたえも1ずつふえる。

	4	5	7
12	8	7	5

	5	6	8
13	8	7	5

	6	7	9
14	8	7	5

ひかれるかずと
ひくかずが1ず
つふえるとこた
えはかわらない。

※「⑤きまりの証明」は省略

ねらいと解説

＜ねらい＞

ねらいの1つは，くり下がりのあるひき算の計算に習熟することである。もう1つのねらいは，ひかれる数，ひく数，答えとの関係にきまりを見つけ，そのきまりを使ってさらに計算問題を解決することである。そのような活動をすることで，帰納的な考え方を育てることをねらう。

＜解説＞

あるとき，1年生のクラスの児童が，100マス計算をしていることを私に言ってきた。その100マス計算のプリントを見て，これを教材にして授業を作ることを考えた。

100マス計算の一部分を使うことにした。2つの数から1つの数が生まれる場面を示し，どのような演算がなされているかを児童に推理させるところから授業はスタートする。

児童は，ひき算をすることが分かると，次々と計算を始めるが，この数表を使った計算の中にパターンが見えるのである。ひかれる数とひく数と答えの関係におもしろいきまりがあるのだ。

「きまり見つけ1・2・3」のモデル名のとおり，3つの表を完成させるころには，児童はきまりを見つけて動き出す。そのきまりは，ひき算の性質を表すものである。ひかれる数が増えた分だけ答えの数も増えるというきまりである。

最後には，答えだけ入った表を見せて，ひかれる数とひく数を考えさせる展開になる。このオープンエンドの問題を解決することを通して，さらにひき算の性質について発見する。今度は，ひかれる数とひく数が同じ数だけ増えても，答えは変わらないという性質である。

児童は，きまりを見つけると，そのきまりがどこまで成り立つのかなどの目的で，自分たちでさらに先に計算を進めようとする。やらされる計算からやりたい計算に変わっていくのである。

きまり見つけ1・2・3提示モデルの授業事例②

3年 かけ算
▶ 2桁×2桁のかけ算の練習

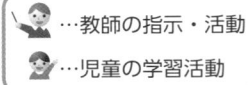

用意するもの
かけ算の式を書いたカード…10枚，九九表

❶ 計算問題

T：20×20と21×19はどちらが大きいと思いますか？
C：どっちかな？
T：まだ筆算はせず，まずは予想してみましょう。手を挙げてください。
　20×20の方が大きいと思う人？　21×19の方が大きいと思う人？　同じだと思う人？
　（👨‍🏫 それぞれ人数を板書する。）
T：なぜ同じだと思いましたか？
C：かけられる数は1大きくなったけど，
　かける数は1小さくなったのだから，
　同じになると思いました。
C：いや，同じはありえないよ。だって，20×20の答えの一の位は0×0＝0　で，
　21×19の答えの一の位は1×9＝9　だから同じにはならないよ。
　（👦 黒板に筆算の様子を書いて説明する。）
C：なるほど。すごい，本当だ。

Point! 予想にも根拠がある場合がある。理由がある児童には，発言させておきたい。

板書 予想している様子

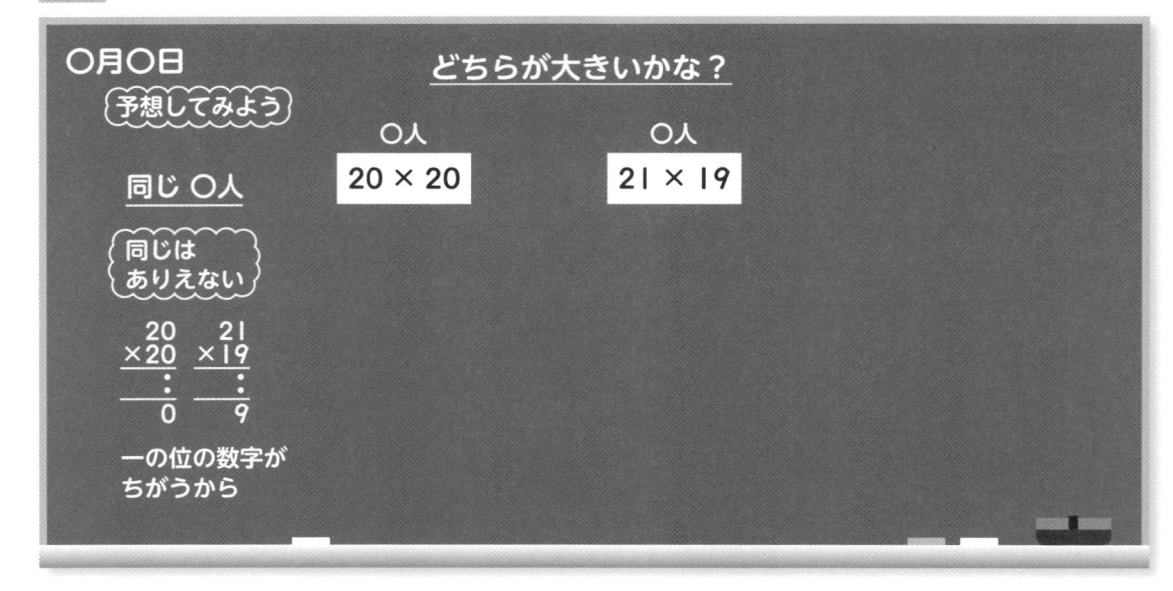

```
○月○日                どちらが大きいかな？
 予想してみよう      ○人          ○人
                   20×20        21×19
  同じ ○人

  同じは
  ありえない

    20    21
   ×20   ×19
   ‥‥   ‥‥
     0     9
  一の位の数字が
  ちがうから
```

T：友だちの考えを聞いて，予想が変わった人がいるみたいですね。
　では，もう一度聞きますので，手を挙げてください。
　（👦 先ほどと同じように聞いていくと，「同じ」に手を挙げていた人がいなくなった。）
T：同じに手を挙げる人がいなくなりましたね。先ほどの説明がよかったということですね。

C：先生，もう計算していい？
C：早く計算して確かめてみたい。
T：では，計算してみましょう。
C：あっ，20×20の方が大きい。
C：おもしろい！ 1違いだから，「同じ」という予想もそんなに間違いではないね。
T：20×20=400，21×19=399。なるほど，1違いでしたね。
（👨‍🏫 2つの式の間に，差の1を板書しておく。）

❷ きまり見つけ

T：次は，20×20と22×18を比べます。（👨‍🏫 22×18と板書する。）
　20×20と22×18はどちらが大きいでしょう。
（👨‍🏫 21×19と比較したときと同じように，手を挙げて予想させる。）
T：では，計算してみましょう。
C：あっ，また20×20の方が大きい。
C：答えが400から離れちゃった。
C：今度は，4違いだ。
T：差が4になったから，ますます差が広がってしまいましたね。
（👨‍🏫 差の4を板書しておく。）

板書 きまりを見つける様子

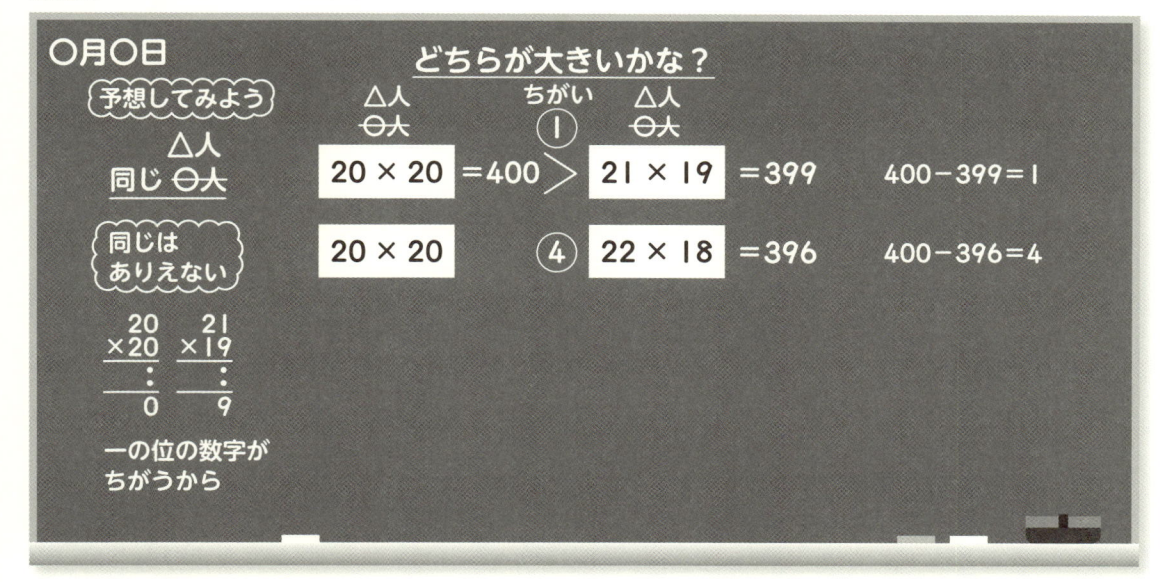

```
○月○日            どちらが大きいかな？
 予想してみよう      △人           △人
         △人      ○大  ちがい    ○大
         同じ○大        ①
                20×20 = 400 > 21×19 = 399    400−399=1

 同じは
 ありえない     20×20  ④  22×18 = 396    400−396=4

    20    21
   ×20   ×19
   ⋮    ⋮
    0     9

 一の位の数字が
 ちがうから
```

T：次はどんな式を出すと思いますか？
C：分かったよ！ 23×17でしょ。
T：どうして○○さんは，23×17だと思ったのでしょうか？
C：分かった！ かけられる数が1ずつ増えて，かける数が1ずつ減るから。

> **Point!** 児童が，計算したい，という気持ちになることがポイント。

> **Point!** 問題の数値に順序性があるから，児童は先を予想できる。きまりを見つける目を養うことができる。

きまり見つけ1・2・3提示モデルの授業事例②　　3年　かけ算（2桁×2桁のかけ算の練習）

T：なるほど。その通りです。よく分かりましたね。
　　次は，23×17を出そうと思っていました。
　　さて，20×20と23×17はどちらが大きいと思いますか？
C：今度も20×20の方が大きいと思う。
C：もしかしたら，今度は逆に23×17が大きくなるのかな？
T：よし，すぐに計算してみましょう。
C：やっぱり，そうだ。23×17＝391　なので，20×20の方が大きい。
C：今度は，9違い。差が広がっていくよ。
T：なるほど，今度は9違いですね。（板書しておく。）
C：次は，24×16と比べるんでしょ。
T：その通りです。また20×20の方が大きくなるのでしょうか。
　　すぐに計算して確かめましょう。
C：24×16＝384。400からはどんどん離れていくよ。今度は16も違う。
T：1，4，9，16と違いが大きくなっていきますね。

❸ きまりの適用できる範囲を探る　　❹ きまりの適用

T：では，次の式です。20×20と25×15の比較です。25×15の答えはいくつでしょう。
　　筆算をしないで答えを求めてみましょう。
C：えっ，どうやって？
C：そうか，きまりを使えばいいんだ！（ノートに記述する。）
T：では，発表できる人はいますか？
C：答えが3，5，7と減っていっています。だから，次は9減るので，
　　384－9＝375　だと思います。
T：答えの数を見て，きまりを見つけたのですね。
C：ほかの方法があります。2つの式の答えの差の数を見ると，1，4，9，16となっています。
　　1は1×1，4は2×2，9は3×3，16は4×4の答えです。
　　だから，次は5×5＝25　で25違いになると思うので，400－25＝375　です。
　（もしも，差の数の特徴に気付かなければ，1，4，9，16を示しながら「これらの数はおもしろい数だね。」と言って着目させ，どのような特徴があるのか考えさせる。）
T：よく気が付きましたね。今言ってくれた数は，かけ算九九表のどの数ですか？
　（九九表を見せて考えさせる。）
C：九九表の斜めのところにある数だ！
T：では，計算して確かめてみましょう。
C：あっ，本当に375になったよ。
C：ということは，次は26×14は，6×6＝36　だから，400－36＝364　になるのかな。
C：確かめてみようよ。
C：10×10と11×9とを比べても100と99だからすぐに1違いと分かるよ！
　（時間いっぱい自由に探求する。）
※「⑤きまりの証明」は省略

板書 **きまりを適用する様子**

○月○日　　　　どちらが大きいかな？

予想してみよう	△人 ⊖大	ちがい	△人 ⊖大	
△人 同じ⊖大	20×20 =400	① 1×1	> 21×19 =399	400−399=1 （−3）
同じは ありえない	20×20	④ 2×2	22×18 =396	400−396=4 （−5）
20 21 ×20 ×19 ── ── 0 9	20×20	⑨ 3×3	23×17 =391	400−391=9 （−7）
一の位の数字が ちがうから	20×20	⑯ 4×4	24×16 =384	400−384=16 （−9）
	20×20	㉕ 5×5	25×15 = □ 375！	

ねらいと解説

＜ねらい＞

　この授業モデルは，もともと計算問題をたくさんさせたいという思いから考えられた。

　1つ，2つ，3つと教師が与える計算問題をやっているうちに，何らかのきまりが見えてくる。できればそれは，児童がおもしろがるようなものがいい。

　そうなると，児童はその先の計算でもきまりが成り立つのか調べたくなる。計算したくなるのである。また，そのきまりを使って大きな数値の計算問題を解決してみたくなる。

　計算は，数学の基礎的な技能として重要である。しかし，それだけの理由で計算をひたすらやるのは，つらい。少なくとも計算が好きにはならない。実際に私は小学生のときに「中学校で困らないために練習しておきなさい」と言われ続けた一人である。しかし，児童は，そんな将来のことなど知らない。大人に言われるままに今を忍耐するのは，どうだろうか。計算ができることが計算の目的ではないと思う。

　できれば，何らかの問題解決のために計算をする。または，計算自体に魅力的なことや不思議なことがあって，それを探求するために計算をする。このような目的がほしい。

　日常生活では，ほとんどの人が電卓を使用する世の中である。私たち教師は，何のために計算，筆算を教えるのか，今一度立ち止まって考えたい。

＜解説＞

この教材の数学的な背景は，
　$(a+b)(a-b) = a^2 - b^2$である。
　$(20+1)(20-1) = 20^2 - 1^2$
　　　　　　　　　$= 400 - 1$
　　　　　　　　　$= 399$

　$(20+1)(20-1)$を，$21×19$のことと考えると，$20×20$と比べて$1^2=1$の違いが出ることが上の式から分かる。$22×18$だと，$2^2=4$の違いが出る。

　児童が$22×18$を計算した後次の式を予想して，$23×17$と言うのは，23と17の数値を，20を基にして3違いで考えたものである。この3^2が$20×20$との差になる。だから，$23×17$という式を予想できることは，数学的な構造を見抜くことにつながる重要な発見であると考えられる。この授業の次には，$30×30$と$31×29$とを比較してみる。同じようにきまりが成り立つか興味が湧くことだろう。

きまり見つけ1・2・3提示モデルの授業事例③

4年 わり算の筆算
▶3桁÷1桁のわり算の練習

🧑‍🏫…教師の指示・活動
🧒…児童の学習活動

用意するもの
わり算の筆算式を書いたカード…6枚，100・10・1のまとまりを表す図

❶ 計算問題

T：次のような筆算の計算式があります。**(図1)**
　　どんな問題だと思いますか。
C：□に数を当てはめて，筆算をする問題だと思います。
T：そうです。□に数を当てはめて今から筆算をしてもらいます。
　　□には，1〜5の数字が入ります。順に入れて計算してみましょう。
　　（🧒 1から5の数字を□に順に当てはめて計算する。）
C：あれっ，おもしろい答えになったよ。

（図1）

$$5\overline{)\Box 45}$$

❷ きまり見つけ

T：どうなったのでしょう。それでは，どんな筆算になったか，発表してもらいましょう。
　　（🧒 黒板に出て筆算を書く。）

板書 筆算をした様子

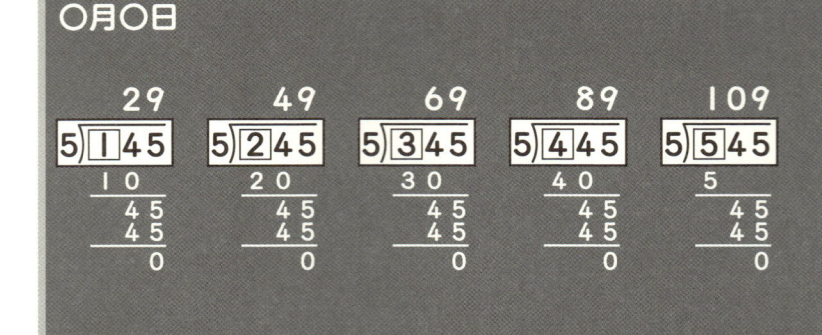

```
○月○日

     29         49         69         89        109
  5)[1]45    5)[2]45    5)[3]45    5)[4]45    5)[5]45
    10         20         30         40          5
    45         45         45         45         45
    45         45         45         45         45
     0          0          0          0          0
```

T：何か気付いたことはありますか。
C：先生，答えの十の位の数が2ずつ増えています。
T：それは，どういうことですか？
C：十の位が2，4，6，8，10と増えているでしょ。
　　ここが2ずつ増えているってことです。
　　（🧒 黒板の前に出てきて説明する。）
T：なるほど，このことに気付いた人はいますか。
　　（🧒 何人か挙手する。）

Point!
1人の児童の発見を問い返して，ほかの児童に説明させる。

T：おもしろいですね。でも、どうして2ずつ増えているのでしょうか。
C：だって、□の数が1ずつ増えているから。
C：どういう意味？
T：よし、「□の数が1ずつ増えているから」の意味をみんなで考えてみましょう。
　　　隣の人と話し合ってください。
（ 🧑 話し合う。）
T：では、誰か教えてくれますか。
C：□が1増えるということは、わられる数が
　　　100増えるってことでしょ。
　　　$100 ÷ 5 = 20$　だから、
　　　答えの十の位が2ずつ増えていくと思います。
C：そうか、分かったよ。
T：では、図でも考えてみましょう。145は、この図で表しておきます。**(図2)**
　　　次は、245だからこの図ですね。**(図3)**

Point!
図で考えさせることで筆算(問題)の構造を理解させる。

(図2) 100　　40　5　　**(図3)** 100　　　100　　　40　5

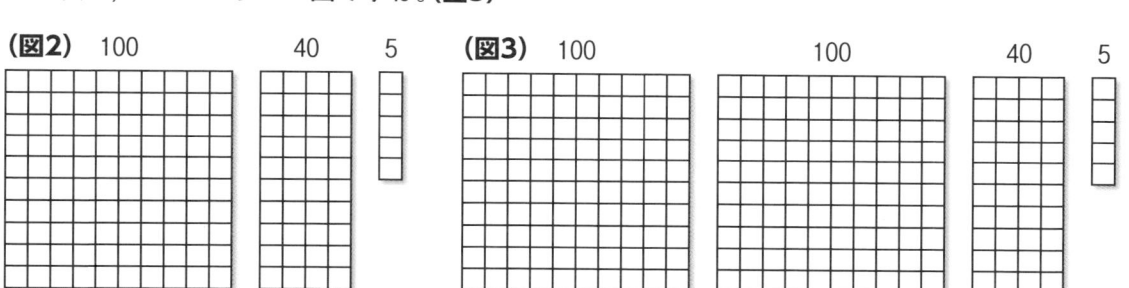

C：分かりました。わられる数が100増えたでしょ。
　　　$100 ÷ 5 = 20$　だから、その分の答えが増えて、20増えたということになります。
C：次の325でもまた100増えるから、$100 ÷ 5 = 20$　の20だけ答えが増えます。

板書 きまりを見つけて、そのきまりを説明する様子

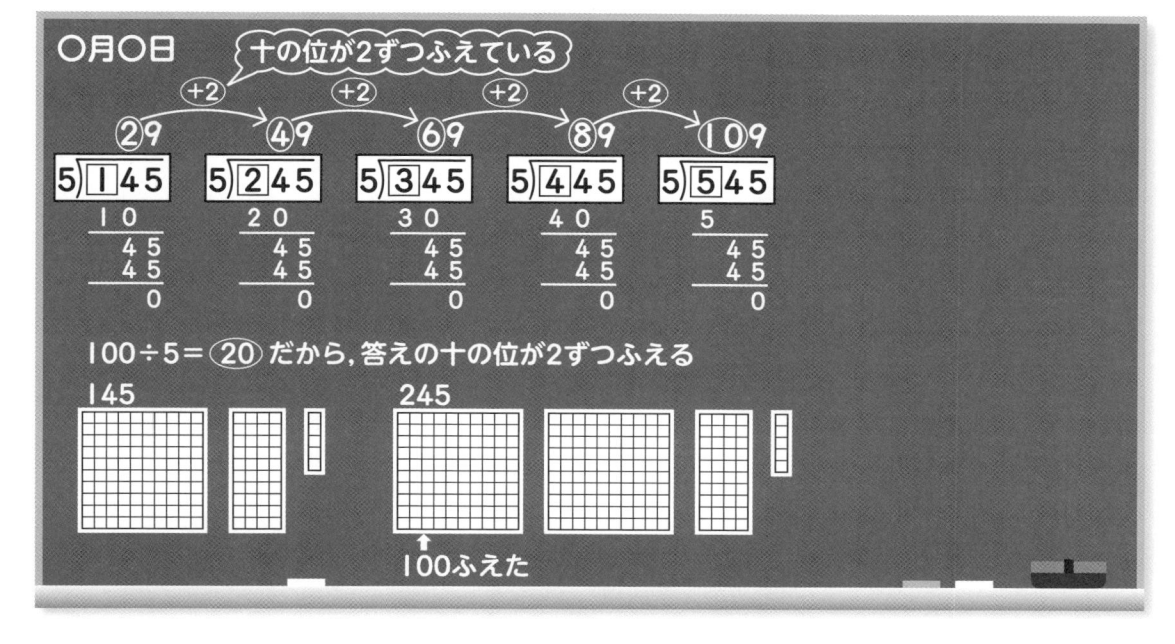

○月○日　　十の位が2ずつふえている

　　　+2　　+2　　+2　　+2
　㉙　　㊹　　㋰　　㋥　　⑩⑨
5)145　5)245　5)345　5)445　5)545
　10　　　20　　　30　　　40　　　 5
　 45　　　45　　　45　　　45　　　45
　 45　　　45　　　45　　　45　　　45
　　0　　　 0　　　 0　　　 0　　　 0

$100 ÷ 5 =$ ⑳ だから、答えの十の位が2ずつふえる

145　　　　　　　245
　　　　　　　　　　↑
　　　　　　　　100ふえた

第3章

モデル 4
きまり見つけ1・2・3提示モデル

きまり見つけ1・2・3提示モデルの授業事例③ 4年 わり算の筆算（3桁÷1桁のわり算の練習）

C：だから，□の数字が1増えるたびに答えが20ずつ増えるのか。
C：ほかにも気付いたことがあります。一の位の答えがいつも9です。
T：本当ですね，いつも9になっていますね。どうしてでしょうか。
（🧑‍🏫 9のところに○をしていく。）
C：だって，筆算を見ると，必ず途中に45÷5のところがあるからです。
C：145だったら，まず100を5で分けるので45が残ります。245だったら200を最初に5で分けてしまうので，やっぱり45が残ります。345も同じで300を最初に5で分けるので，45が残ります。いつも45が残るので，最後は45÷5＝9　になります。
T：いろいろなきまりを見つけ，どうしてそのきまりが成り立つのかを説明できましたね。

❸ きまりの適用できる範囲を探る　❹ きまりの適用

T：では，もしも□が7だったら，答えはいくつでしょう？　計算しなくてもすぐに分かりますか？
C：745÷5でしょ。2つ先の筆算だ。分かったよ。
T：すぐに分かった，という人がいましたね。どうして分かったのですか。何かヒントが言えますか。
C：一の位は，決まっているよ。
C：十の位が2ずつ増える。
T：いいヒントが出ましたが，このヒントは一体何のことでしょうか？
C：さっき見つけたきまりのことです。
T：では，答えはいくつでしょう。
C：149だと思います。
C：だって，答えの十の位が4増えるし，一の位はいつも9でしょ。
T：では，筆算をして確かめてみましょう。

板書 きまりの適用・確認した様子

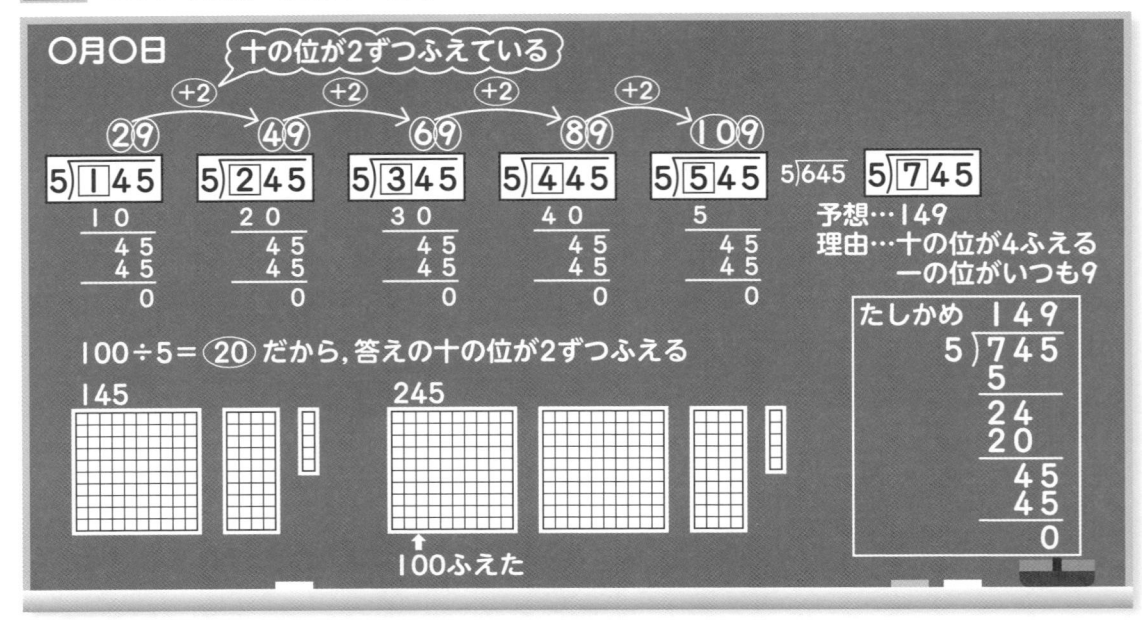

(👶 実際に筆算をして確かめる。)
C：やっぱり149になった！
T：なるほど，845÷5だったら答えはいくつになるか，ぱっと言えますか？
C：169です！
T：945だったら？
C：189です！
C：先生，確かめてみていい？
T：では，筆算をやってみましょう。
(👶 筆算をノートにする。)
C：やっぱり189になったよ！
(👦 1045÷5，1145÷5と発展させたい児童がいたら，自由に探求させる。)
※「⑤きまりの証明」は省略

ねらいと解説

＜ねらい＞

1つ目のねらいは3桁÷1桁の筆算の習熟である。2つ目のねらいはいくつかの事例の中からきまりを見つけて問題解決に生かしたり，なぜそのきまりが成り立つのかを説明したりすることである。計算の習熟と数学的な考え方を育てることをねらいにしている授業といえる。

＜解説＞

本時は，□45÷5という筆算を提示して，□に1～5を当てはめて筆算をするところからスタートする。145÷5から順に黒板に筆算を書いてもらうと，児童はいろいろなことに気付き始める。この授業では，計算ができるかどうかを評価することと同時に，このように筆算を見てきまりに気付かせることをねらっている。

例えば，十の位が2ずつ増えているとか，一の位がいつも9になる，というきまりに気付く。この2つのきまりを使えば，□に8を当てはめたときの答えも予想できるはずである。□に当てはめる数が5から8まで3増えているので，十の位は6増え，一の位はいつも9，と考えれば169が答えになる。

きまりを使って答えを出したら，今度はその答えが正しいかどうか確かめたくなる。845÷5をしてみたくなるのだ。実際に筆算してみると845÷5＝169になる。きまりを使って出した答えと実際に筆算をして出した答えが一致すると，児童は喜ぶだろう。

さらに本時では，なぜ十の位が2ずつ増えるのか，答えが20ずつ増えるのかについて方眼紙を使って考える。□の数（百の位の数）が1増えると，実際の数は100増えることになる。100÷5＝20なので答えは20ずつ増えるといったことを説明させたい。

次時には，□25÷4の式で同じように□に1～5を当てはめて考えさせる授業をする。筆算の結果は次のようになる。
125÷4＝31…1，225÷4＝56…1，
325÷4＝81…1，425÷4＝106…1，
525÷4＝131…1

このとき，筆算の結果を漠然と見ていたのでは答えの差が25になっていることに気付かない。しかし，前時に増え方に着目して見ているので，同じ視点でこれらの筆算を見るとほとんどの児童が25ずつ増えていることに気付くのである。

おまけに，なぜ25ずつ増えるのかについても，前時と同じように考えれば説明することができる。筆算の習熟と数学的な考え方を育てる貴重な2時間になると考える。

サッカーの指導者から見た日本の子どもたち

最近，日本サッカー協会副会長の田嶋幸三氏の言葉が心に残りました。氏は，筑波大学助教授などを経て，U-17等の日本代表監督を務めた人です。

田嶋氏は，日本の若者を見て，2つのことを問題として指摘しています。1つ目は，「間違いを恐れて答えを探ろうとする」子どもの姿です。

U-17の監督時代，中学・高校生の選手たちに接したときに感じたそうです。まず，彼らは，こちらが何か言ったときの反応が鈍い。分かっているのか，いないのかが分からないというのです。プレーを止め，介入して指導するゲームフリーズという指導法をとることがあるそうですが，その際には，日本の子どもたちは，監督の答えを探ろうとします。

「どうしてそこにボールを出したの？」

と尋ねたときには，

「自分はこう考えたから，そこに出しました」

という答えを期待しているのですが，彼らは，監督の顔をじっと見て一生懸命に答えが何かを探っています。

田嶋氏は，この様子を見て，学校教育を含めて普段の生活習慣で，1つの正解を出さなくてはならない，間違ったことを言ってはならない，という恐れから答えを出せずにいるのではないか，と指摘しています。

2つ目は，日本の子どもたち，そして指導者の論理的思考力の不足です。日本の子どものプレーには，意味のないプレーが多いと言います。自分のところに来たボールを意味もなく蹴ってしまう。

例えばドイツの子どもは失敗も多いけれど，自分なりに「ここを狙った」という意図のあるプレーが多いそうです。あとからプレーの理由を聞くと，失敗したことでさえも，きちんと意見を言うことができます。何も考えずに1試合に100回ボールを触る

子どもと，考えながら50回ボールを触って失敗と成功を繰り返している子どもでは，間違いなく後者の方がうまくなるといいます。

　サッカーでは，子どもたちが自由に自分自身で判断してプレーすることにこそ楽しみがあるのに，その判断を奪う周りの大人の関わりがあります。勝ちにこだわるあまり，「ああしろ」，「こうしろ」と全部指示を出すことが多いのです。子どもたちは自分で判断する余地がなく，それに従い，自分で考えずに言われた通りにボールを蹴ります。

　これは，「サイドコーチング」といい，子どもたちの判断を奪う指導だそうです。低学年ではむしろこういう形の指導の方が勝ててしまう傾向にあります。しかし，田嶋氏は，将来に向けて，子どもたちに自分自身で判断する力を身に付けさせることこそ，この年代の指導では重要であると指摘しています。

　嶋氏の考えは，今の日本の算数教育の問題点とも重なるように思います。最近では，学力調査の結果が指導者の評価につながることもあり，とにかく子どもの点数をほしがる現場の傾向があると思います。だから，子どもの言葉を聞くよりも「ああしろ」，「こうしろ」とやることを決めてしまいます。反復練習をすることにより，短期的な成果は出るかもしれません。基礎的な内容が身に付いていない子どもにとってはよいことだ，と思うかもしれません。

　しかし，それは誰のためにやっていることなのでしょうか。子どもたちは，本当にそのような学習を望んでいるのでしょうか。もっとのんびりと子どもの判断や子どもの考えを待ってあげる教育が必要なのではないでしょうか。

　今の私の楽しみの1つは，息子のサッカーの試合を見に行くことです。むやみに「ドリブルで上がれー！」，「今だ，シュートだ！」などと大声を出すことは厳に慎もうと反省しています…。

| 新提案モデル 5 | きまり見つけ事例収集モデル |

計算の習熟と数学的な考え方の両立を目指す。

● 一般的な授業

※3年 ひき算の筆算（3桁－2桁のひき算の練習）の例

① 問題提示
教師が問題を1，2問提示し，児童が各々取り組む。
（教師・児童）　105－37

↓

② 答え合わせ
指名された児童が①で解いた問題の答えを発表する。
（児童）　105－37＝68 です

↓

③ 計算方法の解説
②で答えを発表した児童が，計算の方法を説明する。
（児童）　百の位から繰り下げて…

↓

④ 計算練習
教師が計算問題を多数出し，児童が各々取り組む。
（教師・児童）
①302－73 ②205－17
③101－7 ④105－9
⑤103－6

↓

⑤ 全員で答え合わせ
児童を順番に指名するなどして，1問ずつ答え合わせをする。
（教師・児童）　302－73＝229　205－17＝188　101－7＝94

問題点
ア．児童が受け身になって，計算をやらされている授業になる場合がある。
イ．計算のための計算練習になっていて，目的がない。

問題点 を解決するために

授業事例		
2年 たし算の筆算	（2桁＋2桁のたし算の練習）	**88**ページ
3年 ひき算の筆算	（3桁－2桁のひき算の練習）	**92**ページ
3年 あまりのあるわり算	（九九1回適用のあまりのあるわり算の練習）	**96**ページ
5年 分数のひき算	（異分母分数のひき算の練習）	**100**ページ

…教師の指示・活動
…児童の学習活動

★ きまり見つけ事例収集モデルを使った授業

❶ 問題提示
答えがオープンエンドになっている問題を提示し，取り組ませる。

❷ 事例収集
児童に答えを発表させ，それを事例として記録（板書）しておく。

アの問題点 解決！
見つけたきまりが必ず使えるのか確かめるために，自分から計算をしたくなる。

❸ 事例の整理
事例の並べ方について児童に問い，式や答えの数値を見て，事例を順序よく整理し並べ直す。

❹ きまり見つけ
提示された事例の中から，数値的な共通事項，数量関係的な共通事項，アイデア的な共通事項等といった「きまり」を見つける。

イの問題点 解決！
見つけたきまりがほかの式でも成り立つかを確かめるという目的ができる。

❺ きまりの適用できる範囲を探る
見つけたきまりがほかの事例でも成り立つか調べる。

❻ きまりの適用
きまりを使ってさらに問題に取り組み，答えを求め，きまりのよさを感得する。

このモデルの 意図 と 特長

計算練習は，多くの問題に取り組むことが大切である。ということは，事例が集まるということになるので，集まった事例にきまりが見つかるように仕掛けをつくっておけば，きっと楽しい授業になると思ってつくられたモデルである。
本当にきまりが成り立つのかを調べるためとか，きまりを使ってさらに答えを求めてみようといった目的をもって計算をすることができることが特長である。また，きまりを見つけるということ自体が，児童にとって謎を解くようで楽しい活動になる。
このモデルは，計算単元を主な対象にしているが，図形の事例を集めて共通する特徴を見出すなど，ほかの領域でも応用可能である。

次のページから授業事例▶

きまり見つけ事例収集モデルの授業事例①

2年 たし算の筆算
▶2桁＋2桁のたし算の練習

👤…教師の指示・活動
👤…児童の学習活動

用意するもの
虫食い算の筆算のワークシート…児童数分，0～9の数字カード…児童数分

❶ 問題提示

T：|虫食い算をしましょう。|
　0～9の10枚の数字カードを□に当てはめて筆算を完成させます。
（👤児童に虫食い算の筆算のワークシートと，
　数字カードを配付する）**(図1)**

T：さて，数字カードを当てはめる前に，みんなに聞きたいこと
　があります。答えの百の位が1になっていますね。
　このことから，分かることやいえることはありますか。

C：十の位は，必ず繰り上がりがあるということが分かります。
C：百の位の答えは，2や3はありえません。
T：どうして百の位の答えは1になるのでしょうか？
C：だって，□に入る数字でいちばん大きい9＋8の場合でも，
　答えは17です。一の位から1繰り上がりがあっても，
　18にしかなりません。
T：なるほど。それで百の位は2とか3にはならないのですね。
　では，そろそろ自分で考えてもらいますよ。何か質問はありませんか。
C：数字カードの1は使ってよいのですか。
T：答えの百の位に1がありますが，□に当てはめる数として1を使ってもよいです。それで
　は，考えてみましょう。
（👤自力解決に入る。）

(図1)

```
    □□
  ＋ □□
  ─────
   1□□
```

Point!
問題の条件から分かることを考えるのは，演繹的な考え方をしていることになる。

❷ 事例収集　　❸ 事例の整理

T：では，発表してもらいますよ。
C：はい，59＋48＝107です。
（👤発表された筆算を画用紙に書いて，掲示していく。）
T：（いくつか筆算を発表させてから）この続きは，誰か掲示してくれませんか。
C：はい，やりたいです。**(図2)**

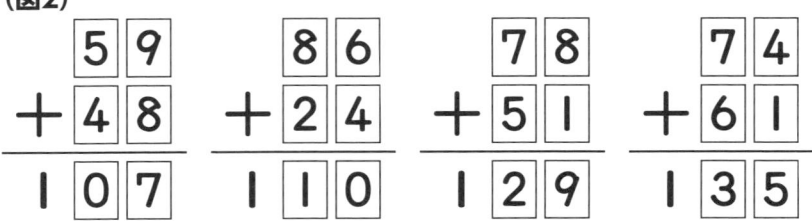

(図2)

```
  5 9        8 6        7 8        7 4
＋ 4 8      ＋ 2 4      ＋ 5 1      ＋ 6 1
─────     ─────     ─────     ─────
 1 0 7      1 1 0      1 2 9      1 3 5
```

板書 つくった筆算（事例）を集めて整理した様子

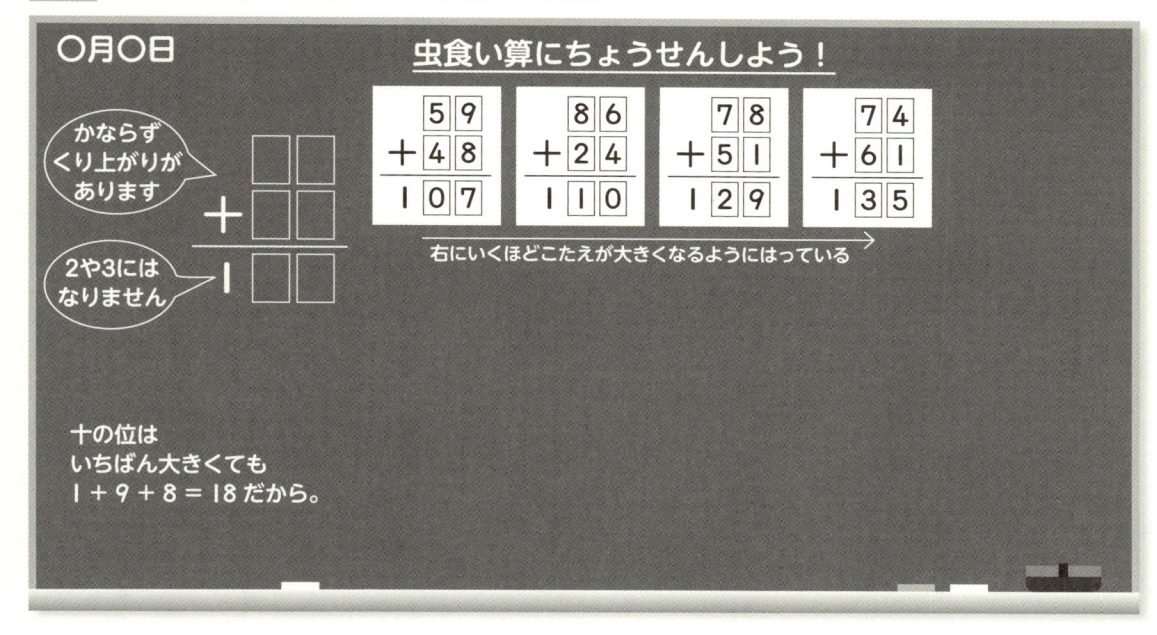

```
○月○日          虫食い算にちょうせんしよう！

かならず                 ⑤⑨      ⑧⑥      ⑦⑧      ⑦④
くり上がりが       ＋   ④⑧   ＋  ②④   ＋  ⑤①   ＋  ⑥①
あります            １０７    １１０    １２９    １３５

                   右にいくほどこたえが大きくなるようにはっている →
2や3には
なりません


十の位は
いちばん大きくても
1＋9＋8＝18だから。
```

T：（児童にいくつか掲示してもらった後に）○○さんは，先生の気持ちがよく分かっていますね。みなさん，○○さんは，どのように掲示していると思いますか？
C：わかった！答えが小さい方から順に並ぶように掲示していると思います。

Point! 事例を整理して並べると，きまりが見つけやすくなる。

T：そうですね。左から右にいくに従って，だんだん答えが大きくなるように掲示してくれています。では，次の問題です。いちばん小さい答えはいくつだと考えられるでしょうか？
（👨‍🏫 既に101が出ていても同じ発問をする。）
C：100かな？
C：100だと 0 を 2 回使っているよ。だから，101だよ。
C：1が2回使われているよ。
C：百の位の 1 は最初から出ているからよいというルールだよ。
T：確かに数字カードを使ってできるいちばん小さい3桁の答えは101ですね。
C：でも，101になる筆算は本当にできるのかな。
T：よし，では，101になる筆算を考えてみましょう！
（👨‍🏫 しばらく自力解決。）
C：できた！
C：先生，できたよ！
T：それでは，できた筆算を発表してもらいましょう。
（👨‍🏫 発表された筆算を画用紙に書いて，提示していく。）**(図3)**

きまり見つけ事例収集モデルの授業事例① **2年** たし算の筆算（2桁＋2桁のたし算の練習）

(図3)

$$59 + 42 = 101 \quad 64 + 37 = 101 \quad 75 + 26 = 101 \quad 28 + 73 = 101$$

❹ きまり見つけ

T：発表してもらった筆算をよく見てみましょう。何か気付くことはありませんか。
　隣の人と話し合ってみましょう。
C：どの筆算も，一の位の数をたしたら11になっているよ。
C：どの筆算も，十の位の数をたしたら9になっている。
T：なるほど，確かに全部そうなっていますね。
　よくきまりを見つけました！

Point! 事例の数は，そのときの様子で判断する。しかし，事例があまりに少ないときまりを見つけにくくなるので注意する。

❺ きまりの適用できる範囲を探る　❻ きまりの適用

T：では，そのきまりを使って，もっと筆算をつくってみましょう。
C：よし，考えてみよう。
　（ しばらく自力解決。）
C：できたよ！
T：では，発表してみましょう。**(図4)**

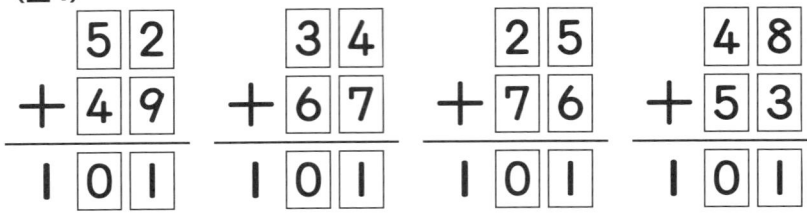

(図4)

$$52 + 49 = 101 \quad 34 + 67 = 101 \quad 25 + 76 = 101 \quad 48 + 53 = 101$$

板書 つくった筆算からきまりを見つけた様子

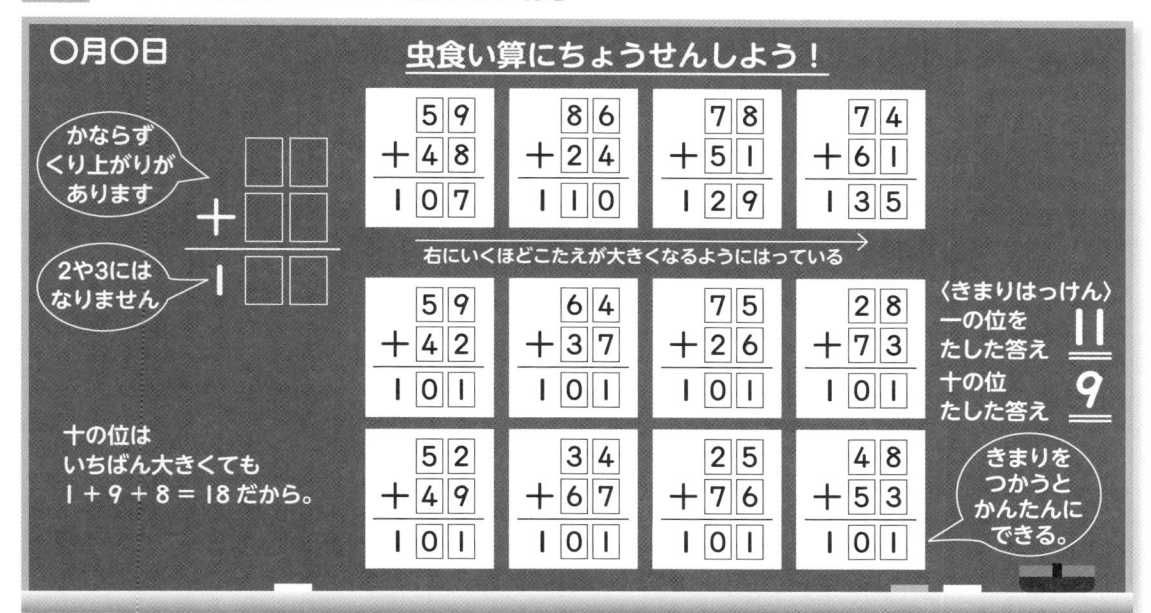

〇月〇日　　　虫食い算にちょうせんしよう！

```
  59      86      78      74
 +48     +24     +51     +61
 ―――    ―――    ―――    ―――
 107     110     129     135
```

右にいくほどこたえが大きくなるようにはっている →

```
  59      64      75      28
 +42     +37     +26     +73
 ―――    ―――    ―――    ―――
 101     101     101     101
```

```
  52      34      25      48
 +49     +67     +76     +53
 ―――    ―――    ―――    ―――
 101     101     101     101
```

- かならずくり上がりがあります
- 2や3にはなりません
- 十の位はいちばん大きくても 1＋9＋8＝18 だから。

〈きまりはっけん〉
一の位をたした答え ＝ 11
十の位たした答え ＝ 9

きまりをつかうとかんたんにできる。

C：きまりを使うと，簡単にできるね！
C：今度は，答えがいちばん大きい筆算をつくってみたい。
C：また何かきまりがあるんじゃないかな。
T：いちばん大きい答えはいくつなのかな。
C：198だよ。
T：では，次の時間は，いちばん大きい答えになる筆算を考えてみましょうね。

ねらいと解説

〈ねらい〉
　2桁＋2桁の筆算の習熟を図るとともに，きまりを見つけて問題解決に生かす帰納的な考え方を育てることをねらいとする。

〈解説〉
　本時は，2桁＋2桁の計算の習熟を図るために，虫食い算を使っている。虫食い算といっても，ほとんど□になっているので，筆算パズルといった感じである。
　完成した筆算を発表させ，整理して並べてみる。この段階は，きまりを見つけさせるための事例を収集する段階である。それから，事例に共通することを児童に見つけさせる。本稿では，「何か気付くことはありませんか？」と尋ねているが，理想は教師が問わなくても，児童が自らきまりを見つけるようになることである。
　見つけたきまりは，問題解決に生かすことで，そのよさを感得できる。ただのきまり見つけで終わると，そのよさが理解されない。本時の展開も，見つけたきまりを使ってさらに筆算を完成させている。
　いちばん小さい答えになる筆算を考察したら，自然と，今度はいちばん大きな答えになる筆算もできるのか，また，同じようにきまりがあるのか，といった問いが生まれる。その児童の問いを生かして，次の課題を設定することが大切である。
　ちなみに，数字カードでできる最大の答えとして，「198」と発想する児童もいる。しかし，実際は198＝99＋99で同じ数字を使っているのでできないのである。果たして答えが最大になる筆算はどんな筆算なのだろうか。

きまり見つけ事例収集モデルの授業事例②

3年 ひき算の筆算
▶3桁－2桁のひき算の練習

用意するもの
無地の長方形のカード…5枚，虫食い算の答えを書くための画用紙…7枚

❶ 問題提示

T：今日は，ひき算の筆算を練習しましょう。
　　まず，次の問題をやってみましょう。**(図1)**
C：できました。
T：では，答えを発表してください。
C：答えは9です。
C：十の位から繰り下げられないので，百の位から1繰り下げます。そして十の位から1繰り下げます。一の位が10になるので，10－1＝9　で一の位の答えに9を書きます。十の位の計算は，9－9＝0　なので，答えは9です。

(図1)
```
  1 0 0
－   9 1
───────
```

T：上手な説明ですね。では今日は，　この問題を虫食い算にしていきます。

　　ここは□です。ここも□です。ここも…
　　（👨長方形のカードを筆算の形に並べる。）
C：えー，□が多いよ！
T：最後の答えは3です。**(図2)**
C：式の数字がみんな□になったよ。
T：そうです。□にはどんな数字を入れてもよいし，
　　同じ数字を何度使っても構いません。
　　何か質問はありますか？
C：ひかれる数の百の位やひく数の十の位に0を入れてもいいですか？
T：3桁－2桁の計算にするので，それらの位に0は入れないことにします。
　　ところで，この虫食い算ですが，必ずある数字に決まる場所がありますね。
　　どの□がいくつに決まるのでしょう？
C：分かった！
C：そうか。百の位が1に決まります。**(図3)**
T：どうして1になるのですか？
C：だって，もしも2だったら，繰り下がりがあっても答えの百の位が1になってしまうからです。
C：なるほど。ひかれる数の百の位が1で，絶対に繰り下がりがあるってことだ。

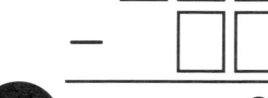

(図2)
```
  □ □ □
－   □ □
───────
        3
```

(図3)
```
  1 □ □
－   □ □
───────
        3
```

Point!
問題の条件からいえることや成り立つことを考えることは，演繹的な考え方を育てることになる。

❷ 事例収集

T：よし，それでは筆算をつくってみましょう。
C：答えは1つですか？
T：1つとは限らないですよ。できるだけつくってみましょう。
C：あっ，もう1つできた。

板書 答えが3になる3桁-2桁の虫食い算に取り組む様子

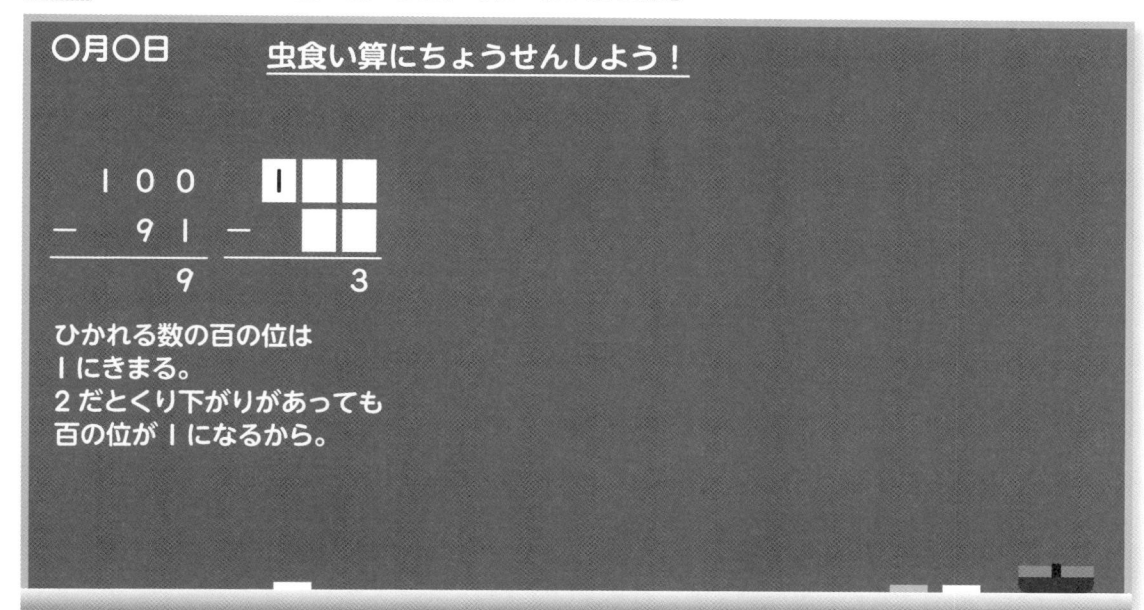

```
○月○日      虫食い算にちょうせんしよう！

  100      1□□
-  91    - □□
 ───     ───
   9       3
```

ひかれる数の百の位は
1にきまる。
2だとくり下がりがあっても
百の位が1になるから。

C：3つできるんじゃない。
　（🧑 しばらく考えさせて，全員が1つ以上筆算をつくってから発表させる。）
T：では，発表してみましょう。
　（👧 虫食い算が書かれた画用紙に数字を入れて黒板に提示する。）**(図4)**

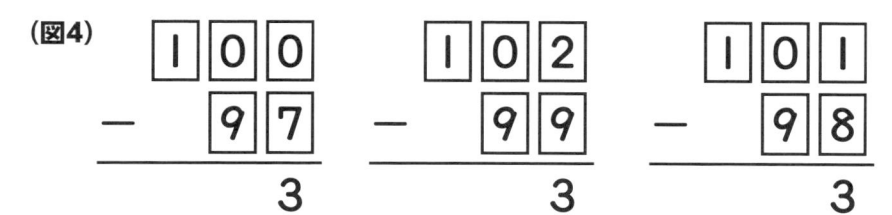

(図4)
```
 100       102       101
- 97     - 99      - 98
 ───      ───      ───
   3        3        3
```

C：順番に並べた方がいいよ。

❸ 事例の整理

T：順番に並べるってどういうことですか？
C：ひかれる数が100，101，102の筆算の順に並べるということです。
T：では，並べ替えてみましょう。**(図5)**

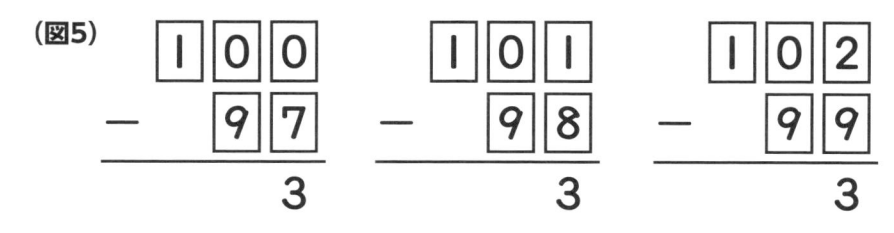

(図5)
```
 100       101       102
- 97     - 98      - 99
 ───      ───      ───
   3        3        3
```

T：筆算は3つしかありませんか？　どうして3つなのでしょうか？

きまり見つけ事例収集モデルの授業事例②　**3年** ひき算の筆算（3桁－2桁のひき算の練習）

C：ひかれる数が103になったら，ひく数が100になるから，□に当てはまりません。
C：99－96＝3　だけど，ひかれる数が2桁になってしまうからだめです。

❹ きまり見つけ　　❺ きまりの適用できる範囲を探る

T：なるほど，だから3つしかできないのですね。
　　よし，では問題を変えますよ。
　　答えを4にしました。**(図6)**
　　さあ，筆算をつくってみましょう。
（🧒 しばらく考える。）
C：できました。
C：簡単につくる方法が分かった。
T：では，発表してみましょう。発表してくれた筆算を先生が画用紙に書くので，黒板に貼ってください。**(図7)**
（🧒 筆算が書かれた画用紙を黒板に貼る。）
T：さっきと同じように順番に貼ると，見やすいですね。ところで，筆算をどうやってつくりましたか？
C：最初に100－96をつくって，あとはひかれる数とひく数を1ずつ増やしてつくりました。**(図7)**
C：私も，ひかれる数が100から考えました。
T：ひかれる数とひく数を同じ数ずつ増やしても答えは変わりませんね。これは，ひき算のきまりです。

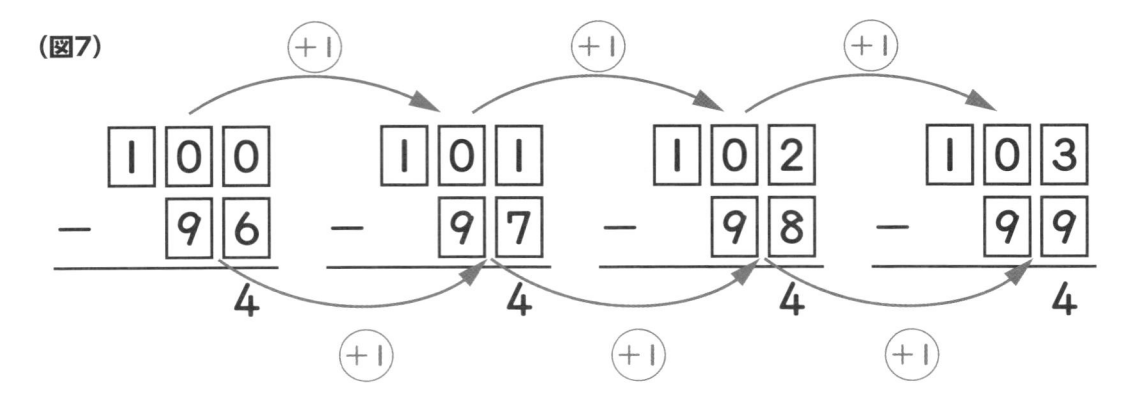

(図6)
```
  1 □ □
－   □ □
―――――――
        4
```

Point! 児童に貼らせることによって，順序よく貼ることを意識させる。

(図7)
```
  100      101      102      103
－ 96    － 97    － 98    － 99
―――――    ―――――    ―――――    ―――――
   4        4        4        4
```
（各筆算間は＋1ずつ増加）

❻ きまりの適用

T：次は，答えの数を何にしたいですか。
C：5です。
T：では，やってみましょうか。いくつぐらい筆算ができるでしょうか？
C：5つだと思います。
T：どうしてそう思うのですか？
C：だって，答えが3のときは3つできて，答えが4のときは4つできたからです。
C：そうです。答えの数と筆算の数が同じになると思います。

T：では，答えが5の筆算を考えてみましょう。
（ 🧑 しばらく考えさせてから発表させる。）
C：できました。やっぱり5つだ。
C：100－95からつくっていったら簡単にできたよ。
（ 👦 この後，筆算を発表させ，きまりをまとめる。）

板書 ひかれる数とひく数のきまりをまとめた様子

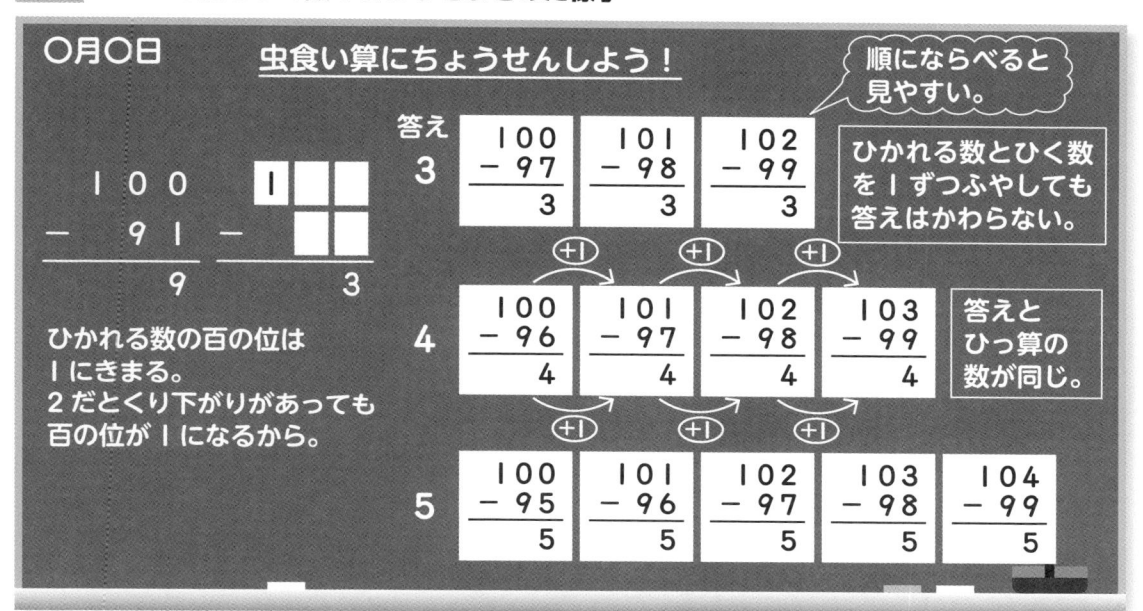

○月○日　虫食い算にちょうせんしよう！

順にならべると見やすい。

```
  1 0 0      1 □ □
－  9 1  －     □ □
     9         3
```

ひかれる数の百の位は
1にきまる。
2だとくり下がりがあっても
百の位が1になるから。

答え
3:
$\begin{array}{r}100\\-97\\\hline 3\end{array}$ $\begin{array}{r}101\\-98\\\hline 3\end{array}$ $\begin{array}{r}102\\-99\\\hline 3\end{array}$

ひかれる数とひく数を1ずつふやしても答えはかわらない。

4:
$\begin{array}{r}100\\-96\\\hline 4\end{array}$ $\begin{array}{r}101\\-97\\\hline 4\end{array}$ $\begin{array}{r}102\\-98\\\hline 4\end{array}$ $\begin{array}{r}103\\-99\\\hline 4\end{array}$

答えとひっ算の数が同じ。

5:
$\begin{array}{r}100\\-95\\\hline 5\end{array}$ $\begin{array}{r}101\\-96\\\hline 5\end{array}$ $\begin{array}{r}102\\-97\\\hline 5\end{array}$ $\begin{array}{r}103\\-98\\\hline 5\end{array}$ $\begin{array}{r}104\\-99\\\hline 5\end{array}$

ねらいと解説

＜ねらい＞
　ひかれる数の十の位が空位の3桁－2桁のひき算の筆算に習熟し，できた筆算から帰納的にきまりを見つけることができる。

＜解説＞
　ひかれる数の十の位が空位の場合，繰り下がりの処理が難しい。そこで，十の位が空位になる虫食い算を考えさせることにした。
　最初から□が多い虫食い算をすると手が付かない児童が出ると思われたので，100－91という計算をするところから始めた。この計算の経験がその後の虫食い算を解くためのヒントになる。虫食い算の問題の答えは3。100－91＝9の9を3にするのだから，100－97という計算を思い付きやすい。
　虫食い算を解いていくと，ひかれる数とひく数の関係に気付く。ひかれる数とひく数を1ずつ増やしていけば目的の筆算ができるということである。このことは，ひき算の性質であり，児童に見つけさせたいきまりの1つである。
　もう1つ気付いてほしいのは，答えが3のときは筆算の個数が3個になり，答えが4のときは筆算の個数が4個になるというきまりである。例えば答えが1のときは，100－99の1個しかできないなど，自由に調べさせるとおもしろい。
　この虫食い算を通して，児童らの自由な探究が行われることを期待する。

きまり見つけ事例収集モデルの授業事例③

3年 あまりのあるわり算
▶九九1回適用のあまりのあるわり算の練習

🧑‍🏫 …教師の指示・活動
🧒 …児童の学習活動

用意するもの
わり算の式を書いたカード…18枚

❶ 問題提示

T：これから，あまりのあるわり算の問題を出します。**(図1)**
　（🧑‍🏫18枚のカードを貼る。それぞれに，あまりのあるわり算の計算問題が書かれている。）**(図1)**
C：えー，これを全部やるの？
T：でも問題は「計算をしましょう」ではありません。

　　| あまりが8になる式はどれでしょう。 |

　が問題です。
C：でも，結局計算をしないといけないよ。

11÷4	39÷5	40÷6
62÷9	55÷7	51÷9
22÷8	15÷2	23÷3
31÷4	71÷9	28÷5
49÷6	70÷8	26÷9
44÷9	59÷7	35÷9

❷ 事例収集
❸ 事例の整理

T：では考えてみましょう。
　（🧒ノートに計算を書いて考える。）
C：あった。あまりが8の式がありました。
T：でも，1つとは限りませんよ。
C：あれっ，これって全部計算しなくてもいいんじゃない？
C：どういうこと？
T：全部計算しなくてもいいって言っている人がいますよ。
　（🧑‍🏫机間を見回りながら，おもしろいつぶやきはクラス全体で共有する。）
　どんなことに気付いたのか，後で言ってもらいましょう。
C：できました。全部計算してできました。
T：早い！がんばりましたね。
C：先生，あまりが8の式を見て，気付いたことがあります。
T：分かりました。では，そろそろ発表してもらいましょう。あまりが8の式を教えてください。
C：62÷9です。（🧑‍🏫発表された式（カード）を，取り出して黒板に並べる。）
C：71÷9です。
C：26÷9です。
C：まだあります。44÷9です。
C：35÷9もあまりが8です。
C：先生，気付いたことがあります。わる数が全部9です。
C：ということは，わる数が9の式を取ればよかったということか。

板書 あまりが8になる事例を収集・整理した様子

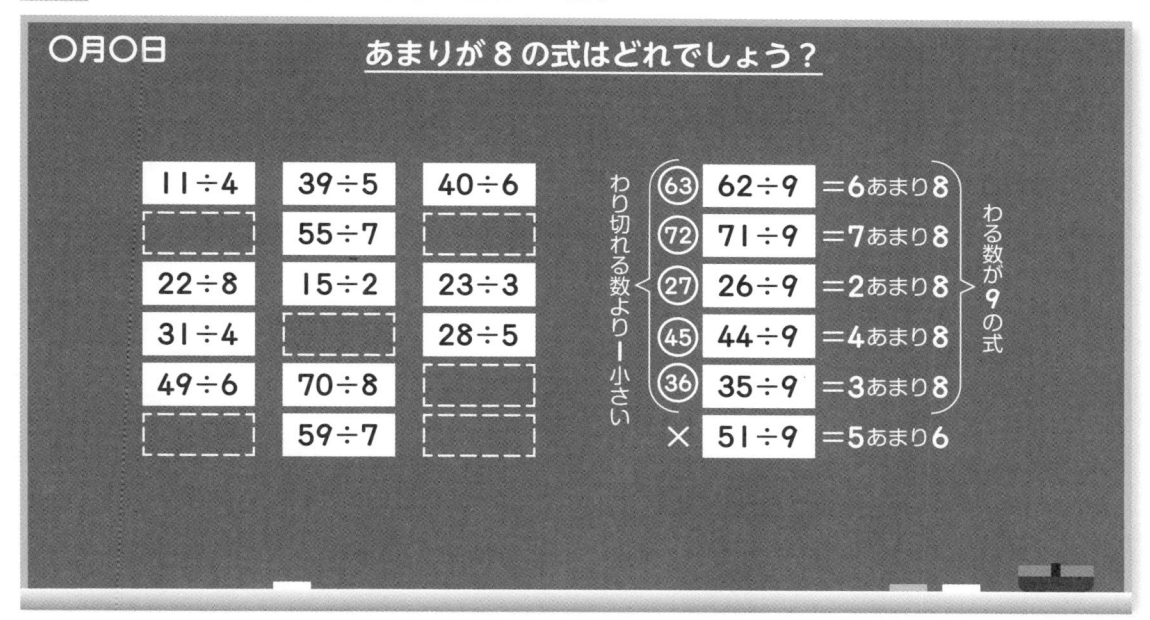

○月○日　　　　　あまりが8の式はどれでしょう？

11÷4	39÷5	40÷6
	55÷7	
22÷8	15÷2	23÷3
31÷4		28÷5
49÷6	70÷8	
	59÷7	

わり切れる数より1小さい
- (63) 62÷9 =6あまり8
- (72) 71÷9 =7あまり8
- (27) 26÷9 =2あまり8
- (45) 44÷9 =4あまり8
- (36) 35÷9 =3あまり8
- × 51÷9 =5あまり6

わる数が9の式

T：それなら，忘れていますよ。まだわる数が9の式があります。（51÷9の式を取り出す。）
C：違います。51÷9は，あまりが6になります。
T：では，わる数が9の場合でも，あまりが8にならない式があるということですね。

❹ きまり見つけ

T：でも，どうして，あまりが8になるのはわる数が9の式だけなのでしょうか。ちょっと考えてみましょう。
（🧒 しばらく自力解決。）
C：分かった。あまりは，わる数より小さくなるはずだから，わる数が9ならあまりが8はありえるけど，わる数が9より小さかったらあまりが8になることはありえません。
C：例えば，22÷7＝2あまり8　となったとしても，あまりの8の中から7をもう1回取れるから，22÷7＝3あまり1　となります。
C：そうかあ，わる数よりあまりが大きくなることはないね。
C：あまりが8のときは，わる数は8より大きくないといけないんだね。
T：そうでしたね。ところで，あまりが8の5つの式を見て，何か気付くことはありませんか。
C：わられる数は，9でわり切れる数よりどれも1小さいです。
C：なるほど。
C：62，71，26，44，35，確かにみんなそうだね。
C：だから，あまりがいちばん大きい8になるんだ。
C：あっ，これはおもしろい！
T：どうしたの？
C：わられる数の十の位と一の位をたしたら，みんな8になるよ。

Point! あまりのあるわり算のあまりとわる数との関係についてしっかりおさえておく。

Point! もしもこのきまりに気付く気配がなかったら，わられる数の十の位と一の位の数に注目するようにさせ，視点を絞ることが大切である。

きまり見つけ事例収集モデルの授業事例③　**3年** あまりのあるわり算(九九1回適用のあまりのあるわり算の練習)

板書 **あまりが8になる式のきまりをまとめた様子**

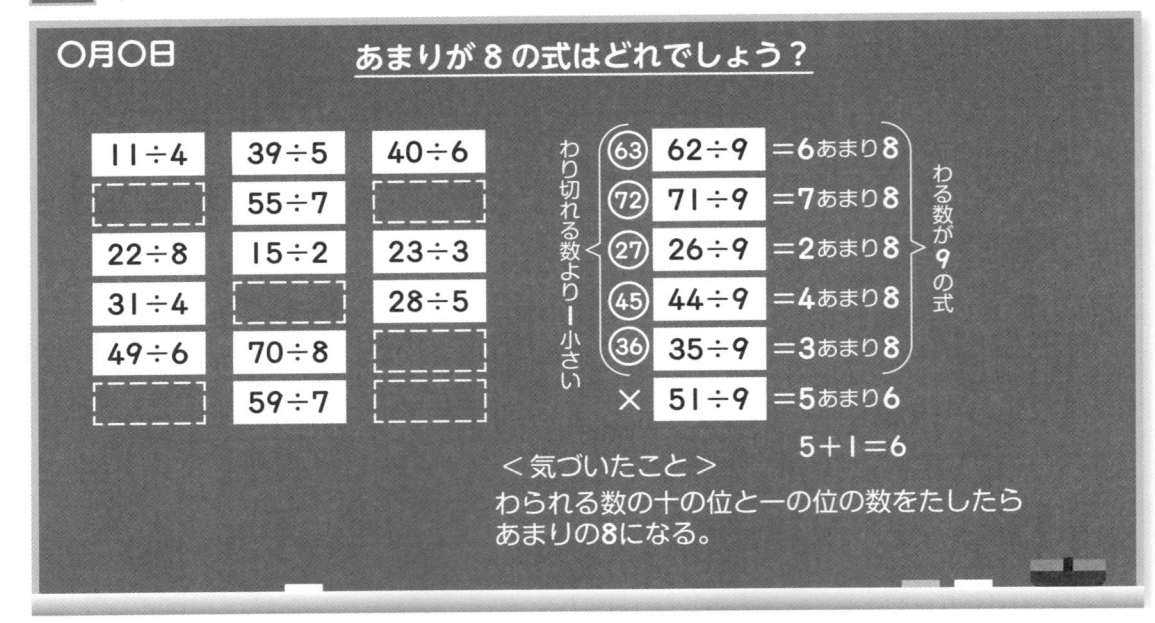

```
〇月〇日           あまりが8の式はどれでしょう？

 11÷4    39÷5    40÷6         ㊆ 62÷9 ＝6あまり8   わ
                          わ   ㊅ 71÷9 ＝7あまり8   る
         55÷7            り    ㉗ 26÷9 ＝2あまり8   数
 22÷8    15÷2    23÷3    切    ㊺ 44÷9 ＝4あまり8   が
                          れ   ㊱ 35÷9 ＝3あまり8   9
 31÷4            28÷5    る    ×  51÷9 ＝5あまり6   の
                          数                      式
 49÷6    70÷8            よ         5＋1＝6
                          り
         59÷7            小
                         さ
                          い
                  ＜気づいたこと＞
            わられる数の十の位と一の位の数をたしたら
            あまりの8になる。
```

C：あまりの数と同じなんだ！
C：不思議だね。
C：あっ，見て。51÷9＝5あまり6　でしょ。これも5＋1＝6　だから，あまりの数と同じになるよ。

❺ きまりの適用できる範囲を探る　　**❻ きまりの適用**

T：わられる数の十の位と一の位をたした数があまりになるというきまりは，すべての式に当てはまるのかな？
（調べる時間をつくる。）
C：いや，無理だよ。
　11÷4＝2あまり3　でできないでしょ。
　39÷5＝7あまり4　でこれもできない。
C：わる数が9のときだけじゃないのかな。
C：確かに，全部の式を調べたけど，わる数が9以外の式は成り立ちません。
T：そうですか。では本当にわる数が9の式は，わられる数の十の位と一の位の数をたした数があまりの数と同じになるか，みんなで確かめてみましょう。
　この6つの式以外の式を1人2個ずつつくって確かめてみてください。
（しばらく考える。）
C：やっぱりできるよ。42÷9＝4あまり6　です。
C：できた！　60÷9＝6あまり6　です。
C：あれっ，できないのがあった！
C：本当？
T：ではそのできなかった式を発表してみてください。
C：57÷9＝6あまり3です。
C：本当だ。できていない。

T：本当ですね。5＋7＝12。
　もしも，きまりが成り立っているとすれば，
　57÷9＝6あまり12　にならないといけません。これはおかしいですね。
C：でも，57÷9＝5あまり12　としてみて，そのあまりの中に9がもう1回入ると考えて，12÷9をすると，1あまり3だから，わられる数の十の位と一の位をたすと1＋2＝3であまりの数と同じになるよ。
C：本当だ。2回わるとまたきまりが成り立つ！
C：私は，64÷9をしました。64÷9＝7あまり1　です。
　6＋4＝10　だからあまりと同じになりません。
　でも，64÷9＝6あまり10　としてみて，あまりの10をもう一度9でわると，10÷9＝1あまり1　だから，1＋0＝1　と同じになります。
T：今日は，どんなことが分かりましたか。
C：あまりは，わる数より小さいということが分かりました。
C：わる数が9のときは，わられる数の十の位と一の位をたした数とあまりの数が同じになるときがあることが分かりました。
C：わられる数の十の位と一の位の和が10を超えないときにきまりが成り立つことが分かりました。
T：そうですね。みんなはよくきまりを見つけます。でもそのときは，本当にすべての場合で成り立つのか調べてみることが大切なんですね。

ねらいと解説

＜ねらい＞
　あまりのあるわり算の計算に習熟し，あまりのあるわり算の意味理解を深める。また，いくつかのあまりのあるわり算の式を見てきまりを見つけ，そのきまりが適用できる範囲について調べることができる。

＜解説＞
　本時の問題は，あまりがわる数より小さいことを生かせば，問題解決が楽になる場面を児童に経験させることを第一に考えたものである。「あまりが8の式を見つけよう」という問題設定にしたのはそのためである。

　多くの児童は，18題の計算を全部計算した後に，「そうか，わる数が9の式だけ見ればよかったんだ。」と気付く。それは，あまりが8になる式を集めたから気付くことである。そこに，事例収集モデルの意義がある。
　さらに，わられる数の十の位と一の位の数の和があまりと一致するというきまりに気付かせる。そして，そのきまりが成り立たない反例を見つけさせる。
　なぜそのようなきまりが成り立つのかを考えさせることは難しいが，事例収集がきまり見つけの重要な要素であることを理解していただければと思う。

きまり見つけ事例収集モデルの授業事例④

5年 分数のひき算
▶異分母分数のひき算の練習

用意するもの
児童が考えた式を書くための画用紙…16枚

❶ 問題提示

T： これを見てください。何の式か分かりますか？

$$\frac{1}{\Box} - \frac{1}{\Box} = \frac{1}{\Box}$$

C： これは，分数のひき算です。
C： 分母が□になっています。
C： 分子は，みんな1です。
T： そうですね。では，□に入る数を考えましょう。

3つ□がありますが，同じ数を入れてもよいです。
また，1桁でも2桁でも構いません。
では，適当に数を入れてやってみましょうか。
まず，式に3と5を入れてみます。答えはいくつでしょう？

C： 通分して計算すると，$\frac{2}{15}$ です。
C： これは，ダメだよね。答えの分子が2になっちゃった。**(図1)**
T： そうですね。式も答えも分子は1にならなければいけません。
では，この式を完成させてください。考えてみましょう。
（😊 しばらく自力解決。）

(図1)

$$\frac{1}{3} - \frac{1}{5} = \frac{1}{\Box}$$

$$\frac{5}{15} - \frac{3}{15} = \frac{2}{15}$$

❷ 事例収集

C： あっ，できたよ！
C： 本当だ。またできた。
C： 2つできたよ。
T： では，発表してもらいますね。
（👨 机間指導しながら，指名する児童を決めておく。）
C： $\frac{1}{2} - \frac{1}{3} = \frac{1}{6}$ ができました。
（👨 画用紙に式を書いて黒板に掲示する。）
C： $\frac{1}{3} - \frac{1}{4} = \frac{1}{12}$ ができました。
C： $\frac{1}{5} - \frac{1}{6} = \frac{1}{30}$ になります。
C： $\frac{1}{6} - \frac{1}{7} = \frac{1}{42}$ です。
C： $\frac{1}{8} - \frac{1}{9} = \frac{1}{72}$ ができました。
（👨 答えが正しいか，答え合わせをしながら発表させる。）

Point! きまりが見つけやすいように分母の数が小さい式から大きい式の順に並べられるように指名するのがポイント。

Point! 分母の数が小さい順に考えたときに，まだ式が入るところは，意図的に空けて貼る。きまりに気付かせるためである。

板書 分数の式を順番に並べていく様子

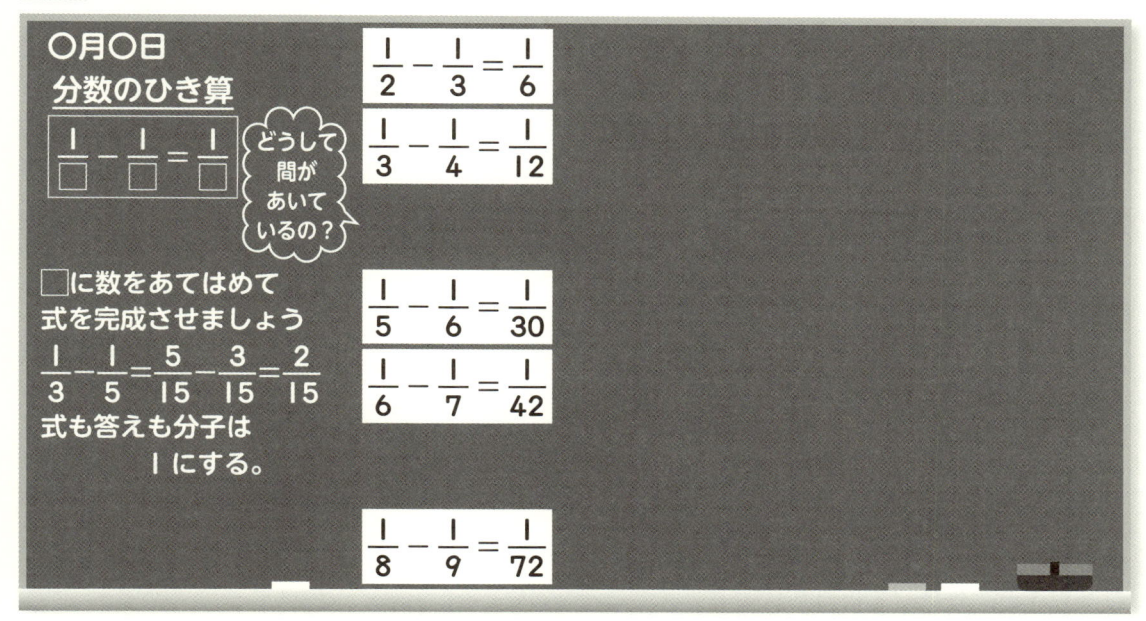

〇月〇日
分数のひき算
$\frac{1}{\square} - \frac{1}{\square} = \frac{1}{\square}$

どうして間があいているの？

□に数をあてはめて式を完成させましょう
$\frac{1}{3} - \frac{1}{5} = \frac{5}{15} - \frac{3}{15} = \frac{2}{15}$
式も答えも分子は1にする。

$\frac{1}{2} - \frac{1}{3} = \frac{1}{6}$

$\frac{1}{3} - \frac{1}{4} = \frac{1}{12}$

$\frac{1}{5} - \frac{1}{6} = \frac{1}{30}$

$\frac{1}{6} - \frac{1}{7} = \frac{1}{42}$

$\frac{1}{8} - \frac{1}{9} = \frac{1}{72}$

❸ 事例の整理

C：先生，どうして間を空けて貼っているの？
T：どうしてだと思いますか？
C：分かった。そこにまだ式が入るってことだ。
C：そうだ。上の空いているところには，$\frac{1}{4} - \frac{1}{5} = \frac{1}{20}$ が入ります。

❹ きまり見つけ　　❺ きまりの適用できる範囲を探る

T：どうしてそう思ったのですか？
C：だって，分母の数が（2，3），（3，4）と順に増えていて，（3，4）の次は，（4，5）だと思ったからです。
T：答えは $\frac{1}{20}$ で合っていましたか？
C：はい。合っています。
C：その下の空いているところの式が分かりました。
C：そこには $\frac{1}{7} - \frac{1}{8} = \frac{1}{56}$ が入ります。（6，7）の次は，（7，8）だからです。
C：先生，式の分母がみんな1違いになっています。ひく数の分母をひかれる数の分母より1大きくすれば式が簡単にできます。
C：本当？　じゃあ，例えば $\frac{1}{100} - \frac{1}{101} = \frac{1}{\square}$ でもできるかな？
T：よし，では大変だけど計算してみましょう。
C：できました。答えは，$\frac{1}{10100}$ でした。できたね！**(図2)**

(図2) $\frac{101}{10100} - \frac{100}{10100} = \frac{1}{10100}$

C：ほかにもきまりがあります。
C：分母の数をかけた答えが，答えの分母の数になっています。
C：本当だ。$100 \times 101 = 10100$　だね。
C：式の分母の公倍数が答えの分母の数になるからかければいいんだね。

きまり見つけ事例収集モデルの授業事例④　**5年** 分数のひき算（異分母分数のひき算の練習）

C：先生，おかしいです。分母が1違いでない式ができました。
C：本当に？　見せて見せて。
C：$\frac{1}{4} - \frac{1}{6} = \frac{1}{12}$ です。
C：本当だ，できてる。すごいね！
C：あの，私もできました。$\frac{1}{6} - \frac{1}{8} = \frac{1}{24}$ です。
C：これも分母が1違いではないよ。こういうのもできるんだね。
T：ちょっとこれを見てください。さっき貼った式の横に今発表された式を貼ります。横の式と比べてみて，何か気付くことはありませんか？ **(図3)**

(図3)
$$\frac{1}{2} - \frac{1}{3} = \frac{1}{6} \Longleftrightarrow \frac{1}{4} - \frac{1}{6} = \frac{1}{12}$$

$$\frac{1}{3} - \frac{1}{4} = \frac{1}{12} \Longleftrightarrow \frac{1}{6} - \frac{1}{8} = \frac{1}{24}$$

C：あっ，分かった！　2倍になってる！
C：そうか，分母が2倍だ。
T：**分母が2倍ってどういうことですか。**
C：$\frac{1}{2}$の分母の2を2倍すると4，$\frac{1}{3}$の分母の3を2倍すると6，答えの$\frac{1}{6}$の分母の6を2倍すると12になります。それぞれを2倍した数が$\frac{1}{4} - \frac{1}{6} = \frac{1}{12}$の式の分母の数です。
C：本当だ。$\frac{1}{3} - \frac{1}{4} = \frac{1}{12}$ も分母の数をそれぞれ2倍したら$\frac{1}{6} - \frac{1}{8} = \frac{1}{24}$になる。

❻ きまりの適用

T：すごいことを見つけましたね。では，ほかの式でも2倍にするとできるかやってみましょう。
C：できたよ。$\frac{1}{5} - \frac{1}{6} = \frac{1}{30}$の分母の数を2倍にすると$\frac{1}{10} - \frac{1}{12} = \frac{1}{60}$ができました。
C：先生，変な式ができました。見てください。$\frac{1}{2} - \frac{1}{6} = \frac{1}{3}$です。
　分母が1違いでもないし，どれかの式の分母を2倍にしてできた式でもありません。
T：これはおもしろいですね。$\frac{1}{2} - \frac{1}{6} = \frac{1}{3}$は，$\frac{1}{2} - \frac{1}{3} = \frac{1}{6}$と似ていますが，みんなどう思いますか？
C：分母の数は2と6と3で同じだ。
C：分かった。答えとひく数を交換しただけだ。
C：6 − 2 = 4の場合，6 − 4 = 2になるでしょ。だから，答えとひく数を入れ替えてもできるんだ。

板書 見つけたきまりをまとめる様子

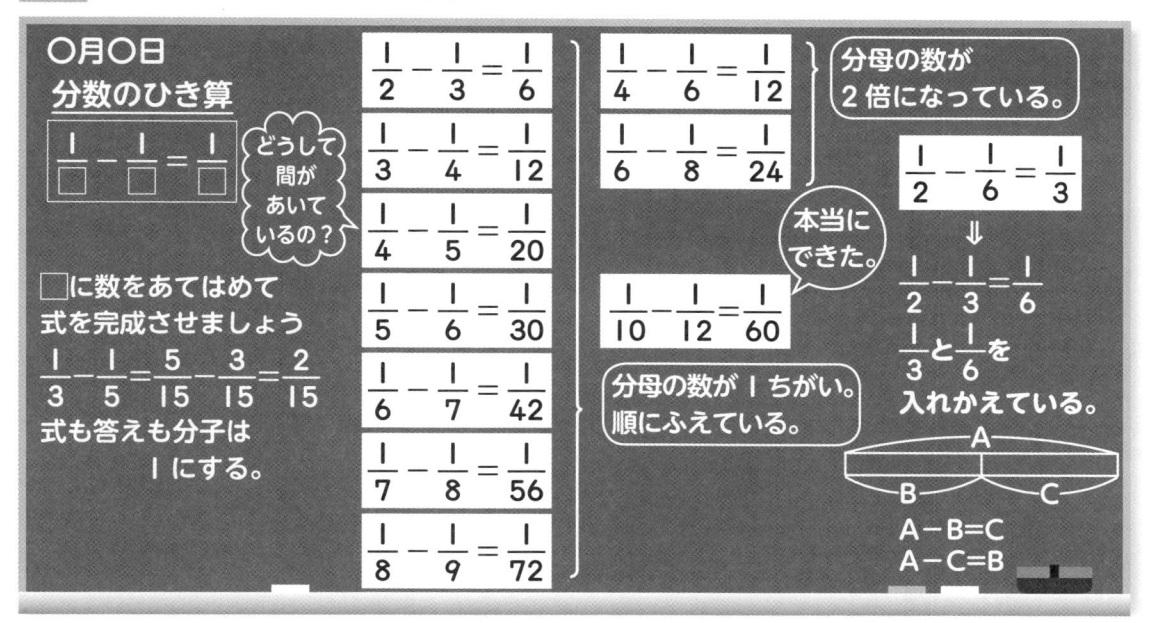

○月○日
分数のひき算

$\dfrac{1}{\square} - \dfrac{1}{\square} = \dfrac{1}{\square}$

どうして間があいているの？

□に数をあてはめて式を完成させましょう
$\dfrac{1}{3} - \dfrac{1}{5} = \dfrac{5}{15} - \dfrac{3}{15} = \dfrac{2}{15}$
式も答えも分子は1にする。

$\dfrac{1}{2} - \dfrac{1}{3} = \dfrac{1}{6}$
$\dfrac{1}{3} - \dfrac{1}{4} = \dfrac{1}{12}$
$\dfrac{1}{4} - \dfrac{1}{5} = \dfrac{1}{20}$
$\dfrac{1}{5} - \dfrac{1}{6} = \dfrac{1}{30}$
$\dfrac{1}{6} - \dfrac{1}{7} = \dfrac{1}{42}$
$\dfrac{1}{7} - \dfrac{1}{8} = \dfrac{1}{56}$
$\dfrac{1}{8} - \dfrac{1}{9} = \dfrac{1}{72}$

$\dfrac{1}{4} - \dfrac{1}{6} = \dfrac{1}{12}$
$\dfrac{1}{6} - \dfrac{1}{8} = \dfrac{1}{24}$
$\dfrac{1}{10} - \dfrac{1}{12} = \dfrac{1}{60}$

本当にできた。

分母の数が1ちがい。順にふえている。

分母の数が2倍になっている。

$\dfrac{1}{2} - \dfrac{1}{6} = \dfrac{1}{3}$
⇒
$\dfrac{1}{2} - \dfrac{1}{3} = \dfrac{1}{6}$
$\dfrac{1}{3}$と$\dfrac{1}{6}$を入れかえている。

A-B=C
A-C=B

ねらいと解説

＜ねらい＞

虫食い算の問題を通して，異分母分数のひき算に習熟し，問題解決のために帰納的にきまりを見つけることをねらいとする。

＜解説＞

本時の異分母分数の虫食い算の問題は，できる式に3つの世界があると考えている。

1つ目は，分母が連続する整数になる式である。これは，多くの児童が見つけることができるきまりだと思う。

2つ目は，完成した式を基にして，分母のそれぞれの数をm倍した式（mは0を除く整数）である。だから，2倍に限らず3倍，4倍…としていくらでもできる。

3つ目は，答えとひく数を入れ替えてできる式である。

この3つのきまりに気付かせ，式が無限にできるという感覚をつかんでもらいたいと思う。この3つの世界を探求するうちに，児童はどれだけの計算をするだろうか。

新提案モデル 6　拡張・一般化モデル

算数の世界を拡げて学ぶ。

● **一般的な授業**　　※5年　ともなって変わる量（きまりを式に表す仕方）の例

① 問題提示
ともなって変わる2量を指定して，関係を調べるように課題を出す。

② 表にして調べる
2量を表にまとめて，一方が増えるときに対応するもう一方の数値を調べる。

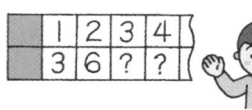

③ 変化のきまりを調べる
一方の数値が1増えるごとにもう一方はいくつ増えるか，一方が2倍になると，もう一方は何倍になるかなどの関係を見つける。

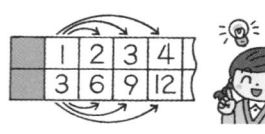

④ 対応のきまりを調べる
一方の量と他方の量の対応する関係を調べる。

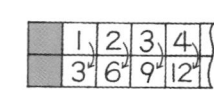

⑤ 式化
調べたきまりを基に，○や△などの記号を使って，2量の関係を式に表す。

問題点

ア．ともなって変わる2量がどのような数値の場合でも答えを求められる式として○や△の式にまとめることが大切である。上記の展開だと一般化の考え方を育てる意識が希薄である。

イ．ともなって変わる2量を指定して，その関係のきまりを調べるという展開になっている。ある問題を解決するために，2量の関係のきまりを生かすということが大切である。目的をもって変化のきまり，対応のきまりを見つけさせ，活用させたい。

問題点 ● を解決するために

授業事例	
5年 ともなって変わる量（きまりを式に表す仕方）	106ページ
6年 文字と式（場面を式に表す仕方）	110ページ

👨‍🏫 …教師の指示・活動
🧒 …児童の学習活動

★ 拡張・一般化モデルを使った授業

❶ 問題提示
ともなって変わる2量があり，一方の量を使って，もう一方の量を求める問題を出す。（関係を調べるという課題ではない。）

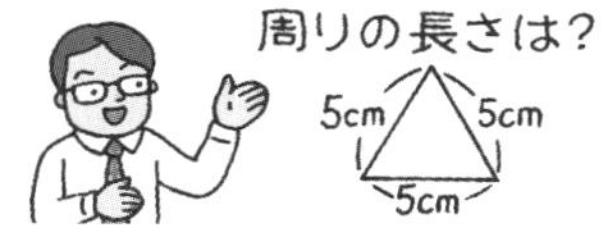

周りの長さは？

❷ 数値を拡張する
一方の数値を変えて（大きくして）問題に取り組む。

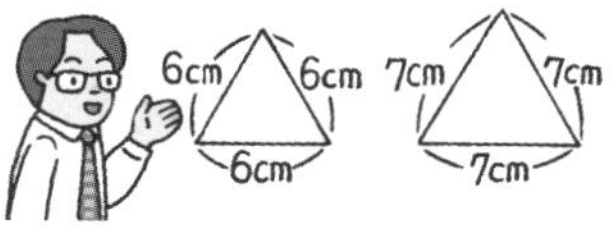

アの問題点 解決！
より簡単に問題を解決するために一般化する必要性が生まれる。

❸ さらに数値を拡張する
一方の数値を極端に大きくした問題に取り組む。

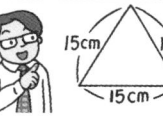

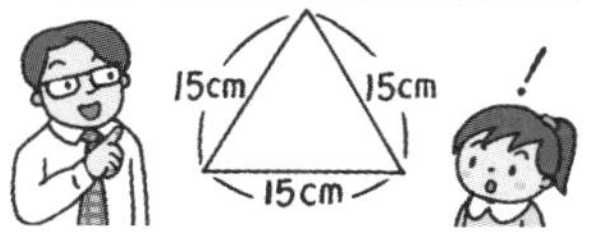

「3ずつ増えるから…」
「1辺の長さに×3をして…」

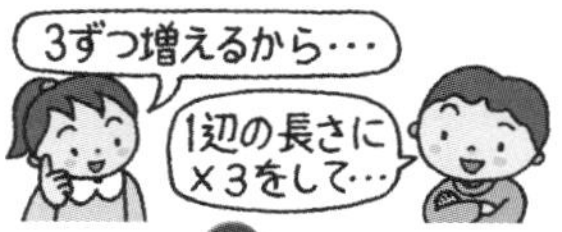

イの問題点 解決！
問題解決のために2量の関係を調べたくなる。

❹ きまりの適用
❷〜❸で見つけた対応のきまりや変化のきまりを使って問題を解決する。

❺ 式化
いつでも求められる式について考える。

（1辺の長さ）×3

❻ 一般化
○と△などの記号を使って，求め方を一般化する。

このモデルの 意図 と 特長

問題解決のためにきまりを見つけ，きまりを使う，という立場で授業をつくっている。だから児童は，きまりを見つけるよさを感得することができる。最初からきまりありきの授業展開ではない。見つけたきまりは式で表現し，一方の値がどんな数値になっても使える式を考えるという展開にする。そのためには，一方の値を極端に大きくして考えさせる場面が必要になる。その経験をすることで，一般化への道筋を開くことができるのである。

次のページから授業事例 ▶

拡張・一般化モデルの授業事例①

5年 ともなって変わる量
▶きまりを式に表す仕方

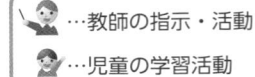

用意するもの
正方形が10個つながった図をかいた画用紙（5個，7個のところで裏に折り返しておく）…1枚
正方形の図を隠しておくための画用紙…1枚

👨‍🏫…教師の指示・活動
🧒…児童の学習活動

1 問題提示

T：この画用紙を見てください。この中に問題に使う図が入っています。**(図1)**
今からこの画用紙を動かして中の図を3秒見せますので，どんな図か読み取ってください。いくつかの棒で形が作られています。
（👨‍🏫 3秒見せてまた隠す。）

(図1)

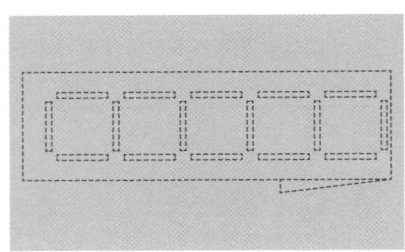

C：えー。見えなかった。もう一度お願いします。
T：それでは，あと1回ですよ。
（👨‍🏫 3秒見せる。）
C：分かりました！
T：何が見えましたか？
C：棒で作った正方形が5個見えました。
T：では，読み取った図をノートにかいてみましょう。
（👨‍🏫 児童がノートにどのような図をかいているか見て回る。）
T：では，読み取った図を黒板にかいてください。
（👨‍🏫 指名した児童に黒板にかかせる。）
C：できました。確か正方形が5個あったと思います。**(図2)**
T：なるほど。みなさん，この図でよいですか。 
C：いいです！
（👨‍🏫 異なる図をかいている児童が多い場合は，もう一度黒板の図を見せて修正させる。）
T：では，問題です。

> **Point!** 図をかかせることが問題の構造を理解させることにつながる。

(図2)

> 棒の数は，何本でしょう？

しばらく考えてみましょう。計算する人は，ノートに式を書いてください。
（🧒 しばらく自力解決。）
T：では，発表しましょう。
C：$1+3\times5=16$で16本です。
T：この式の意味が分かりますか。誰か図で説明してください。
C：1は左端のこの棒で，3はカタカナの「コ」みたいな形です。これが5個あるから3×5になります。**(図3)**
T：素晴らしい説明でしたね。
では，ほかの数え方はありますか。
C：はい。$5\times2+6$です。

(図3) 3×5

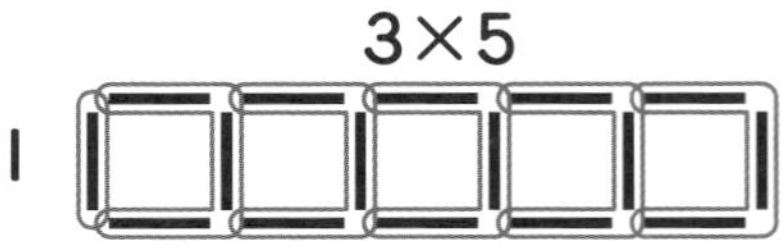

C：分かった。上の5本と下の5本で5×2，縦に6本あるから6をたします。**(図4)**

T：ほかにもありますか。

C：まだあります。4×5－4です。

T：ひき算が入りましたね。この式はどういう意味でしょうか。

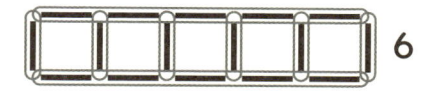

C：これは，正方形が5個あるとみて4×5だけど，重なっている棒が4本あるから4をひきます。だから，4×5－4です。**(図5)**

(図4)
5
6
5

(図5) 4×5　→　重なる －4

板書 正方形に並べた棒の数を数える様子

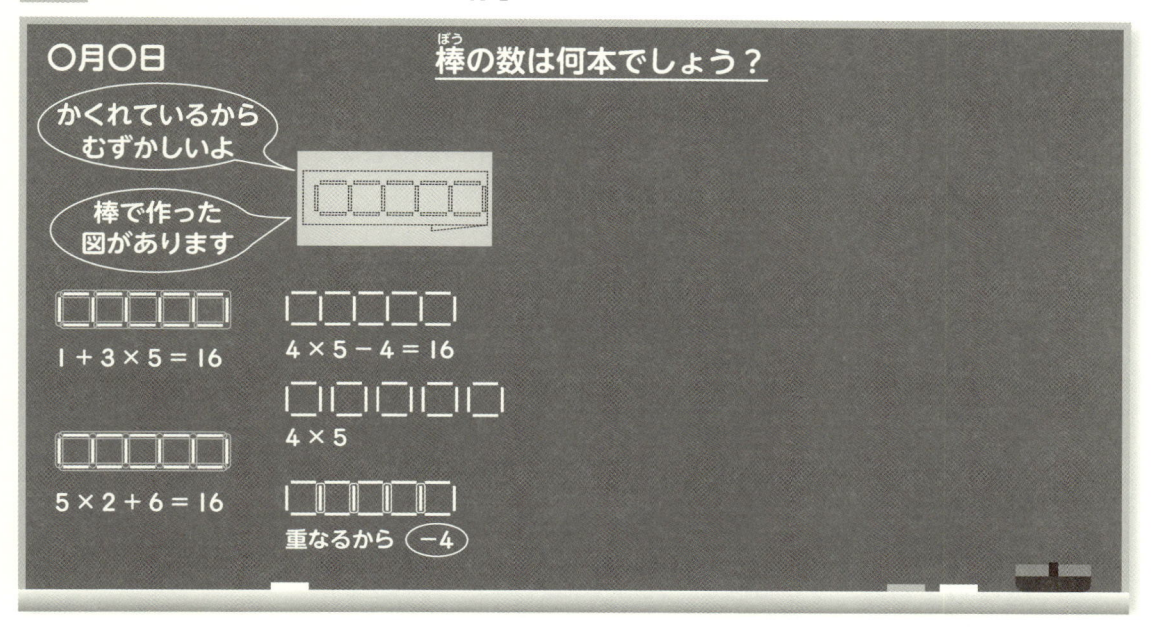

○月○日　　棒の数は何本でしょう？

かくれているからむずかしいよ

棒で作った図があります

1＋3×5＝16

5×2＋6＝16

4×5－4＝16

4×5

重なるから －4

❷ 数値を拡張する

T：3通りの数え方が出ましたね。みんな1つ1つの数え方の意味をよく理解できました。ノートを見るとほかの考え方をしている人もいますが，この辺りでまだ隠れたままの図を見てみたいと思います。
（目隠しの画用紙を取り，正方形5個の図の後ろ側に隠しておいた図を出して，正方形7個に変える。）**(図6)**

C：うわー，増えた！

C：7個になったよ！

C：ずるい，後ろに隠していたんだ。

T：正方形が7個になったので，正方形5個の

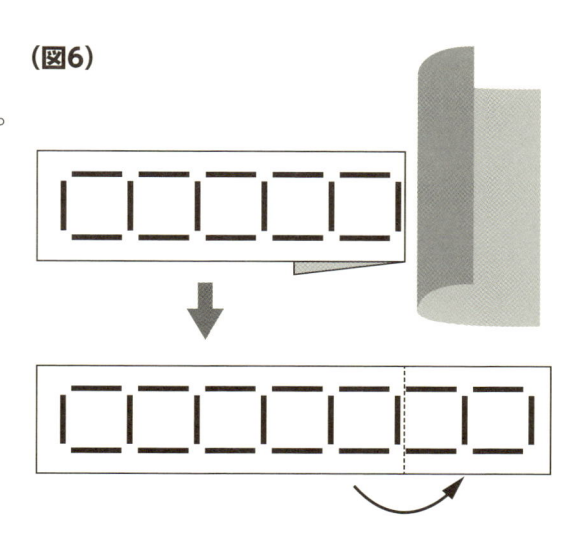

(図6)

第3章

モデル 6 拡張・一般化モデル

107

拡張・一般化モデルの授業事例① **5年 ともなって変わる量**(きまりを式に表す仕方)

ときの式はむだになってしまいました。また新しく式を考えないといけませんね。
C：いや，大丈夫だよ。使えるよ。
C：そうだよ。ちょっとだけ改造すれば使えると思います。
T：改造するってどういうことですか？
C：例えば，1＋3×5なら，この5を7に変えればいいと思います。
C：この5は「コ」の数を表していて，正方形7個の場合は「コ」が7個になるから，1＋3×7＝22で，22本です。**(図7)**

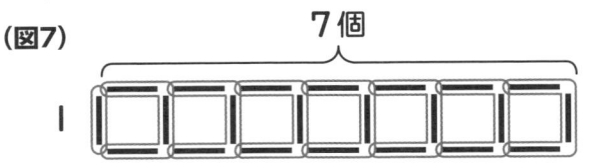

(図7) 7個

T：なるほど。式の一部の数を変えれば正方形5個のときの式が使えるのですね。では，ほかの2つの式も使えるか，考えてみましょう。
（ しばらく自力解決。）
C：5×2＋6の式は，7×2＋8になります。上と下の棒の数が7本になって，縦の棒は1本多い8本だからです。**(図8)**

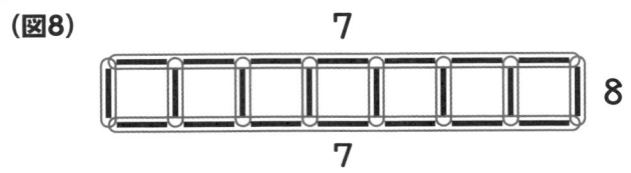

(図8) 7 8 7

C：4×5－4の式は，4×7－6になります。正方形が7個だから4×7で，6本重なっているから6をひきます。4×7－6＝22　22本です。**(図9)**

(図9) 正方形 7個　重なり 6本

❸ さらに数値を拡張する

T：すごい，どの式も使えましたね。では，最後です。この図はどうでしょうか。
（ さらに後ろに折ってあった紙を出す。）**(図10)**

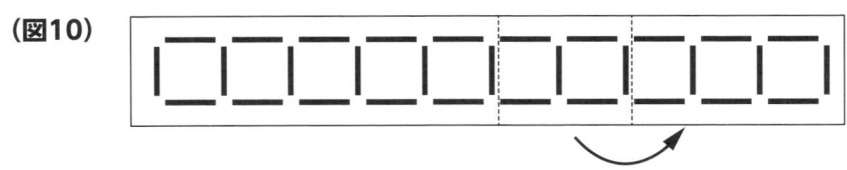

(図10)

C：えーっ，また出てきた！
C：今度は，正方形10個だ！
T：ここまで長くなると，本数を求めるのは難しいですよ。
C：いや，できるよ。式の数を変えるだけでいいんだもん。

※「④きまりの適用」は省略

❺ 式化　　❻ 一般化

T： なるほど，式の数を変えるだけでよいのですね。では，最後は，3つの式のうち，自分が簡単だと思うやり方を選んで使ってみましょう。
（🧒 しばらく自力解決。）
C： できました。
T： みんなは，どの式を選んだのでしょう。
C： これが簡単です。1＋3×5の式を使って，1＋3×10＝31　31本です。
T： この1＋3×5の式を使った人はほかにもいますか。
C： はい，使いました。
T： どうしてこの式を使ったのですか。
C： だって，式の数を変えるところが1つでいいからです。
C： そうだよ。ほかの式は2か所変えないといけないからです。1＋3×5は，「コ」の数だけ変えればいいから簡単です。

板書 正方形に並べた棒の数を数える様子

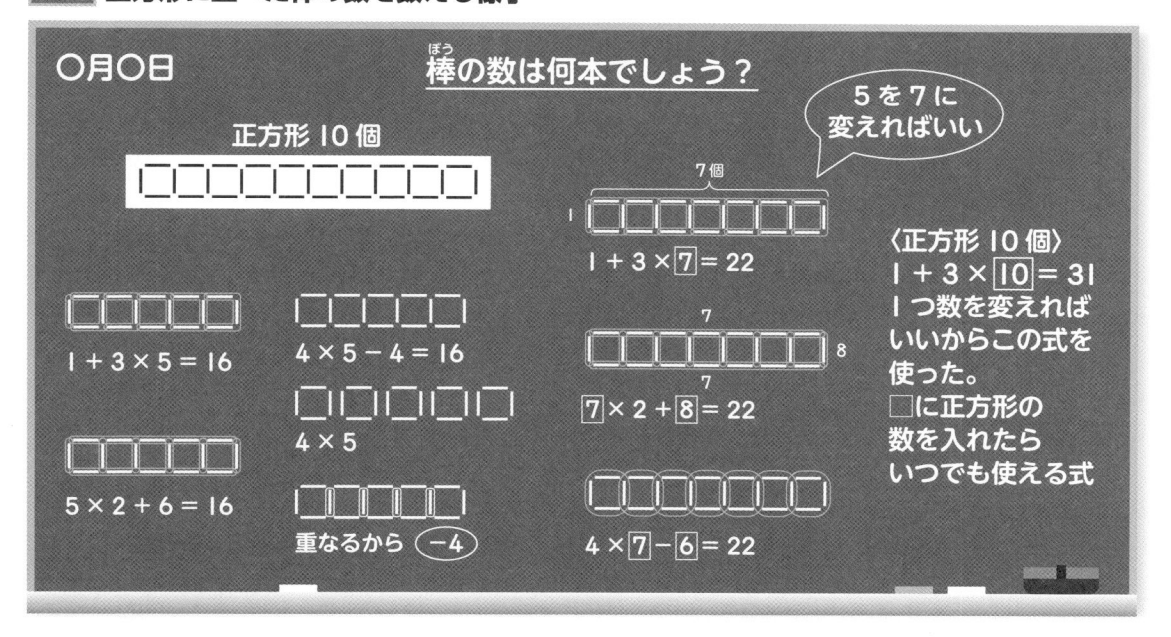

○月○日　　棒の数は何本でしょう？

正方形10個

1＋3×5＝16
4×5－4＝16
4×5
5×2＋6＝16
重なるから －4

1＋3×[7]＝22
[7]×2＋[8]＝22
4×[7]－[6]＝22

「5を7に変えればいい」

〈正方形10個〉
1＋3×[10]＝31
1つ数を変えればいいからこの式を使った。
□に正方形の数を入れたらいつでも使える式

ねらいと解説

＜ねらい＞
　棒の数を計算で数えることができ，数え方を，式を使って一般化することができる。

＜解説＞
　数え方の一般化をねらうには，数える対象が増えていくことが必要である。しかし，正方形が1個ずつ増えたら，3本ずつ増えるということを使って求めるだけなので，式の必要感は感じられない。正方形5個から7個，10個と急に増えることによって，式を使って求める必要感が生まれる。式を使った方が簡単だ，ということになる。
　大切なのは，式のどの数が変わるか，どの数が変わらないかということを，式の意味を基に考えることである。変数としての項と定数としての項を見抜き，正方形がいくつになっても求めることができる式を作ることが，一般化の考えを育てることになる。

拡張・一般化モデルの授業事例②

6年 文字と式
▶場面を式に表す仕方

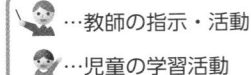

用意するもの
碁石を1辺に5個ずつ正三角形状に並べた図…4枚
碁石を1辺に7個ずつ正三角形状に並べた図…4枚
碁石を1辺に任意の数だけ並べることができることを表した図…1枚

👨‍🏫…教師の指示・活動
🧒…児童の学習活動

1 問題提示

T：この図は，碁石を並べた様子です。(図1)
どのように並んでいますか。
C：正三角形みたいに並んでいます。
C：1辺に5個並んでいます。
T：そうですね。碁石を正三角形になるように置いています。

　碁石は全部で何個でしょうか？

C：いろいろな式をつくってよいですか。
T：よいですよ。求め方はいろいろありそうですね。
（🧒しばらく自力解決。）
T：では，発表してください。
C：5 × 3 − 3 = 12です。
T：この式の意味が分かる人？
C：はい，碁石は1辺に5個並んでいて，それが3辺あるから5 × 3です。でも頂点のところの碁石を2回数えることになるから，3をひきます。**(図2)**
C：ほかにもあります。5 + 4 + 3 = 12　です。
T：これは，どうやって数えたのでしょうか？
C：1辺の5個を数えて，次にもう1辺の4個をたして，最後にもう1辺の3個をたしています。重なりがないように順に数えています。**(図3)**
C：なるほど。おもしろいね！
T：まだありますか？
C：あります。4 × 3です。
T：これは，どうやって数えたのですか？
C：1辺の5個から1個をひいて，1辺に4個ずつの碁石があるとみます。それで4 × 3です。**(図4)**
T：それでは，この問題の条件を変えてみるよ。何を変えると思いますか？
C：もっと大きくするんでしょ。
C：1辺の個数を多くするんじゃないですか。
T：そうです。よく分かりましたね。

2 数値を拡張する

T：この三角形の碁石の数はいくつでしょう？**(図5)**
C：あっ，こんどは1辺の数が7個だ。

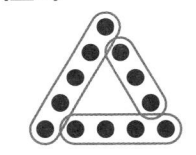

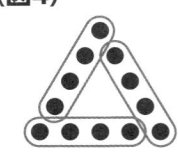

T：また最初から式を考えなくてはいけないでしょうか？
C：さっき作った式を使って考えればよいと思います。

板書 碁石の数のいろいろな数え方を発表した様子

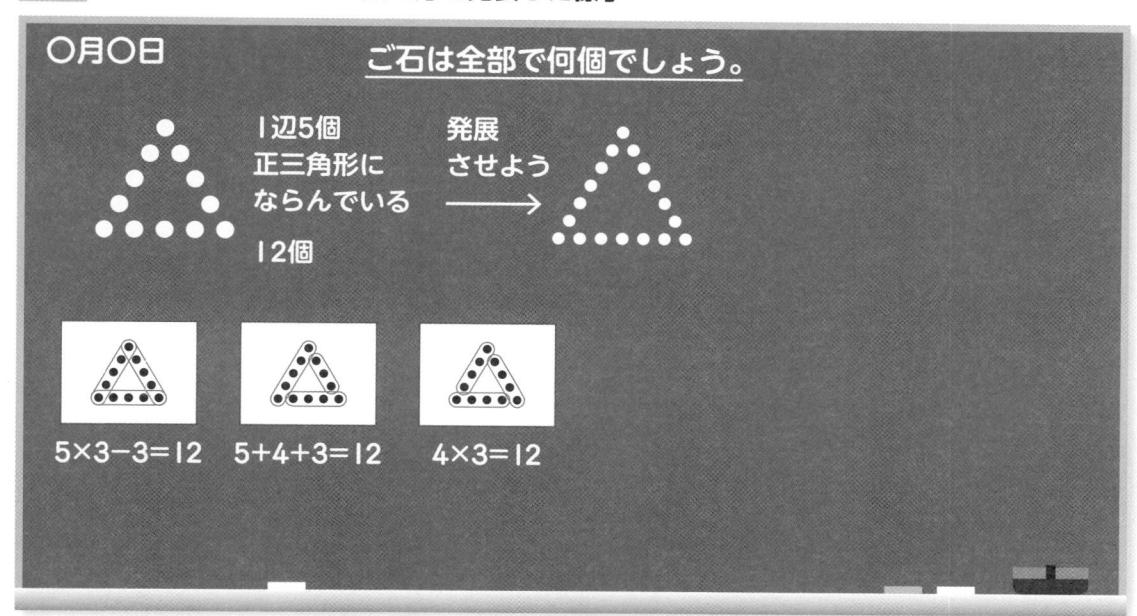

○月○日　　　ご石は全部で何個でしょう。

1辺5個
正三角形に
ならんでいる
12個

発展
させよう →

5×3−3＝12　　5+4+3＝12　　4×3＝12

C：7 × 3 − 3 = 18　で，18個です。**(図6)**
T：5 × 3 − 3 の式を使ったのですね。
C：そうです。1辺の数の 5 を 7 に変えただけです。
C：ほかの式でも数えました。7 + 6 + 5 = 18　で18個です。**(図7)**
T：これもおもしろいですね。
C：1辺の数 7 から始まって，1個ずつ減らしてたせばよいから簡単です。
T：ということは，もう1つの式でも数えられるのでしょうか？
　　4 × 3 の式を使って数えた人はいますか？
C：はい。やってみました。6 × 3 = 18　で，18個です。**(図8)**
T：どうやって式を立てましたか？
C：1辺の 7 個から 1 個をひいて，1辺に 6 個ずつの碁石が
　　あるとみます。3辺あるから 6 × 3 = 18　です。
T：なるほど。1辺の数から 1 をひけばよいのですね。

❸ さらに数値を拡張する　　**❹ きまりの適用**

T：では，この図を見てください。**(図9)**
　　点線のところは，何個でもよいということです。
　　最後は，1辺の数をみんなが決めてください。
　　何個にしてみましょうか？
C：はい！　51個がいいです。
T：なるほど。どうして51個といったか分かりますか？

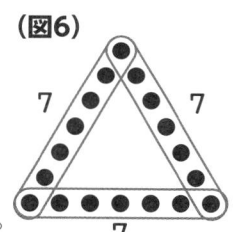

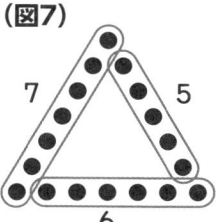

（図6）

（図7）

（図8）

拡張・一般化モデルの授業事例② **6年** 文字と式（場面を式に表す仕方）

C：うーん。もしかしたら，計算しやすいから？
C：そうです。
T：では，1辺が51個の場合で考えてみましょう。
　　3つの式の中でいちばんよいと思うものを選んで
　　計算してみましょう。
C：分かった。そういうことか。
T：では分かった人，発表してください。
C：(51－1)×3＝150　で，150個です。
T：どうしてこの式にしたのですか？
C：だって，頂点の碁石をひくとちょうどきりのいい数になるからです。
　　その考えが分かるように，(51－1)を式に表しました。**(図10)**
C：僕も50×3は簡単に計算できるから，この考えがいちばんいいと思いました。
T：ちなみに，もしもほかの式で計算したら大変でしょうか？
C：51×3－3は，少しややこしい計算です。
C：51＋50＋49も50×3に比べれば大変だと思います。
T：みんな碁石の数をよく数えてくれました。式に表すと，
　　友だちの数え方や見方がよく分かりますね。

（図9）

（図10）　50　50　50

❺ 式化　　**❻ 一般化**

T：では，最後にみんなが考えた式をまとめてみましょう。1辺の数を「a（エー）」としたとき，どのような式にまとめることができますか？
　　このアルファベットのaは，今まで使っていた□や△の記号と同じで，いろいろな数を当てはめることができることを意味しています。
（少し考える時間を取り，ノートに記述させる。）
C：a×3－3です。aに1辺の数を当てはめると，合計が計算できます。
T：これは，5×3－3の考えの式ですね。ほかにはありますか？
C：(a－1)×3です。
T：これは，さっきの式**(図10)**ですね。(a－1)はどういう意味ですか？
C：1辺の碁石の数から1をひいて3辺の碁石の数をそろえるから(a－1)になります。
C：先生，5＋4＋3の式がどうやってよいか分かりません。
T：みんなこの式は，aを使って表すことができないのかな？
C：5は1辺の数だからaでいいよね。
C：4は5－1だから，(a－1)でしょ。3は5－2だから，(a－2)じゃないかな。
C：そうか，そうすれば，51＋50＋49の式もできるね。
C：a＋(a－1)＋(a－2)でよいと思います。
T：では，次の3つの式でよいですね。これらの式は，碁石の総数を求める公式といってもよいですね。
　　① 　a×3－3
　　② 　(a－1)×3
　　③ 　a＋(a－1)＋(a－2)

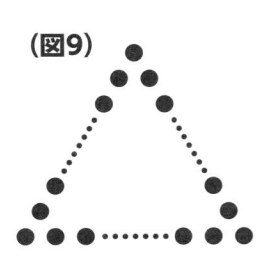

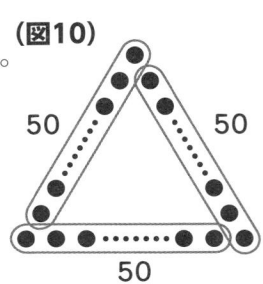

板書 碁石の数の数え方を一般化した様子

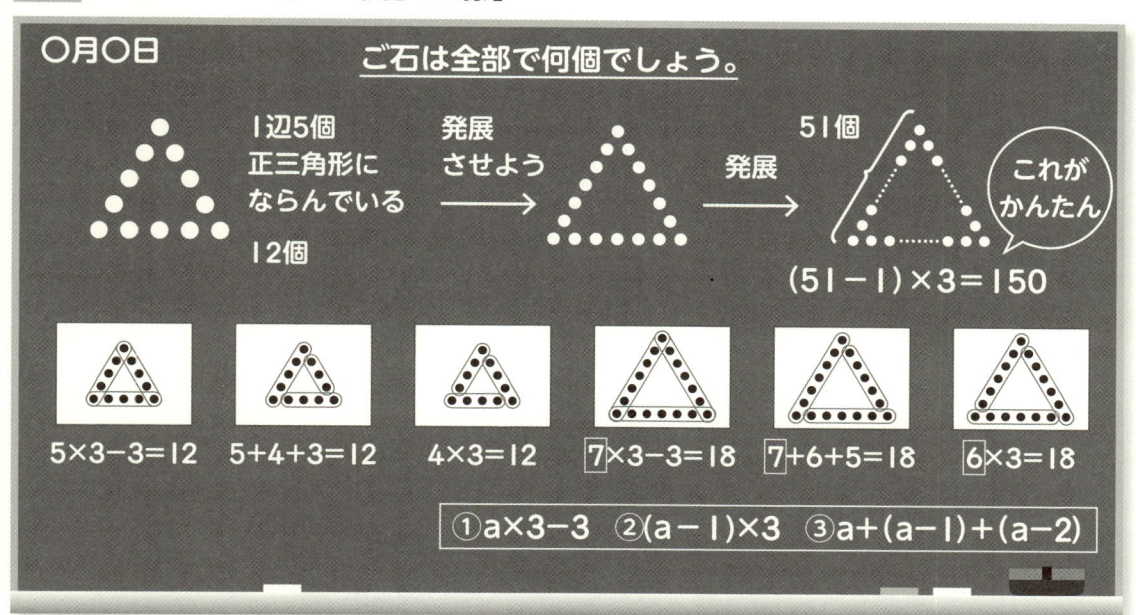

○月○日　　ご石は全部で何個でしょう。

1辺5個　　発展　　　　　　　　51個
正三角形に　させよう　　発展　　　　　　これが
ならんでいる　→　　　　→　　　　　　かんたん
12個

(51−1)×3=150

5×3−3=12　　5+4+3=12　　4×3=12　　7×3−3=18　　7+6+5=18　　6×3=18

①a×3−3　②(a−1)×3　③a+(a−1)+(a−2)

ねらいと解説

<ねらい>

三角形状に並んだ碁石の数の数え方を式に表し，その式を文字式に表すことによって一般化することがねらいである。

<解説>

算数では，次の3つの目的で使う文字式について指導する。

①まだ分かっていない数を表す。(未知数を表す)

②2つの数量の関係を表す。

③いろいろな数を当てはめて確かめる。(任意の数を表す)

中学校数学では，次の3つの目的で文字式を使うことを指導する。

①文字のもつ意味，特に変数の意味を理解させる。(変数の意味理解)

②文字を用いた式に表現したり，文字を用いた式の意味を読み取ったりする能力を育成する。(文字式の解釈)

③文字を用いた式の計算や処理に関する能力を育成する。(形式的処理)

文字式を使って数え方を一般化するのは，どちらかというと変数を表す文字としての役割が大きい。中学校のねらいに近いと思われるかもしれないが，本稿で書いたような展開で授業をすると，児童は文字式の役割や意味を充分理解できると考えている。

最初から文字で表すことを教えないで，まずは総数を求める式を考えることに集中させる。その後，場面を発展させても式の中で変わらない数(定数)と変わる数(変数)があることを見つけさせる。その変数にあたる部分に文字をあてて式に表現するという手順である。

第3章

モデル 6 拡張・一般化モデル

クラスのすべての子どもに，先生はぼく（わたし）のことが好きだ，と思わせる教師を目指して

　　つて，ある先輩教師が，次のように私に言ったことを覚えています。
「クラスのすべての子どもに，先生はぼく（わたし）のことが好きなんだ，と思わせるように学級づくりをしなさい」

　このことを意識するようになってから，教師として子どもに対する態度が変わってきました。

　何より変わったことは，より積極的に子どもをほめるようになったことです。それは，短い一言で終わる場合がほとんどでしたが，実践してみると，子どもをほめることは，意外なほど効果を生みました。

　もう1つ気を付けたことは，子どもを叱るときの判断基準を明確にすることです。そして，言葉を乱暴にしないことと，その後のフォローを必ずすることでした。

　この2つのことに気を配ることで，子どもたちの私に対する態度が変わりました。信頼の眼差しが増えたように思います。

　　は，どのように子どもをほめるか，3つの観点からもう少し詳しく考えてみたいと思います。

① 一緒に感動する

　「君の字はなかなかきれいに書けている」と言うのは，普通のほめ方ですが，同じほめるでも「本当にきれいな字だなあ」とその字にただ感動するというやり方もあります。そこには，教師と子どもという上下関係の陰は薄く，ただ対象そのものについて感動し，共感する教師と子どもの姿があるというイメージです。

② 個と集団

　一人の子どもにそっと言葉をかけてほめてあげることがあります。先生はあなたのことを見ていますよ，という意思表示であり，その子どもの心をつかむ瞬間です。このときに大切なのは，その子どもがどう変化していくのかを継続的に見守ることです。

一度ほめたらもうおしまいではありません。よい方向に変化したら，さらにその伸びを認め，ほめてあげることが必要です。

一人の子どもをほめるときにも，これは集団の場でほめた方がよいという場合があります。それは2通りの理由があるからです。

1つは，その子どもに元気がなかったり，クラスの中でいまひとつ存在感を失っていたりするときです。その子どものよさを改めて全体に知らしめ，その子どもの元気を回復し，友だちからの見方を変えるときに意図的に集団の場でほめるのです。

もう1つは，クラスにそのほめる内容を啓蒙したいときです。例えば，整理整頓が上手な子どもをほめることで，ほかの子どもたちにも整理整頓をうながしたいと思うときに，意図的に集団の場でほめることがあります。

③　伝え方

「その説明は，分かりやすかった」という抽象的な言い方よりも，「今の説明は図を使っているから分かりやすい」といったように具体的にほめてあげたほうがよいと思います。その行為をほかの子どもたちに啓蒙したいというときにはなおさらです。

ほめ言葉を，間接的に伝えることもあります。保護者に「今日はよくがんばって発言していました」とか，その子どもの友だちに「○○さんは，本をよく読むね」などと言えば，本人には間接的に伝わることになります。本人にとってみればこれが意外に嬉しい。結果的にその勉強が好きになったり，先生のことが好きになったりします。

ほめることも叱ることも，教師の気分ではなく，子どもを伸ばすために教師の価値観，信念に基づいて行われるものです。そのためには，教師自身が自分の身を正し，自己を高める努力を怠ってはならないと思います。

新提案モデル 7　ゲーム問題発見モデル

活動の中に問いを見つける。

● 一般的な授業

※2年　長さ(普遍単位の意味の理解)の例

① 問題提示（教師）
2つのテープを見せて，どちらが長いかという問題を出す。
(班ごとに，教師が用意した材料で長さ比べをする。)

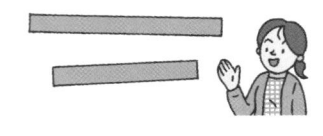

↓

② 比較（教師・児童）
端をそろえ，直接比較をして長さを比べる。

↓

③ 比較の仕方の考察（教師・児童）
黒板に2つのテープを提示し，テープを動かさないという条件でどうやって長さを比較するか考えさせる。(筆箱のいくつ分，黒板消しのいくつ分など，任意単位を使って比較をする。)

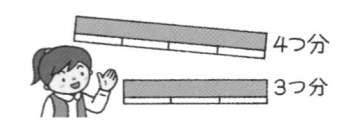

4つ分
3つ分

↓

④ 一般化（教師・児童）
テープの長さを，ほかの学校の児童や外国の児童に伝えるためにはどうすればよいかを考える。

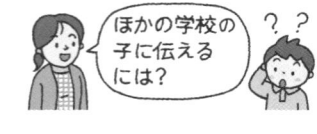

ほかの学校の子に伝えるには？

↓

⑤ 新しい概念の理解（教師・児童）
共通の単位（普遍単位）の必要性を児童から引き出し，「cm」を導入する。(工作用紙などを配って，「cm」の単位の長さや書き方，読み方を教える。)

問題点
ア．2つのものの長さを比較したい，などのような児童の動機付けが弱い。
イ．新しい概念についての理解が不十分になっている。

問題点 ● を解決するために

授業事例

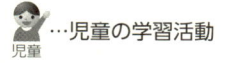

- **5年** 倍数（倍数の意味と性質の理解） …………………………… 118ページ
- **6年** 資料の整理（2つの資料のちらばりの比較の仕方） …………… 122ページ

凡例：
- 教師…教師の指示・活動
- 児童…児童の学習活動

★ ゲーム問題発見モデルを使った授業

❶ ゲーム活動
ゲームの課題を与えて，それに取り組む。（教師・児童）

「タワーを作ろう！」

❷ 問題が生じる
どうしてもゲームに勝てない，勝敗の判断が付けられないなどの問題が生じる。（児童）

アの問題点 解決！
ゲームに勝つために，課題について考えを巡らせる。

「どちらが高い？」

❸ ゲームの必勝法を考える
❷で生じた問題を解決する方法について考え，アイデアを出し合う。（児童）

「同じ高さのブロックで10こ分！」

❹ 新しい概念の理解
ゲームの問題解決のために使った新しい概念を，教科書などで確認する。（教師・児童）

「1つのブロックの高さは1cm」

イの問題点 解決！
新しい概念の必要性を感じているので，きちんと理解できる。

このモデルの 意図 と 特長

児童は，ゲームが大好きである。この授業モデルは，そのゲームを生かして算数を学習する。ゲームをしているうちに，児童の中に問いが生まれ，本気になってその問いを追究する姿を引き出すことが特長である。ポイントは，途中で解決しなければならない問題が起こることである。教師から出した問題ではなく，自分たちの活動の中から生まれた問題だから，児童は夢中になって考えるのである。

次のページから授業事例▶

モデル7 ゲーム問題発見モデル

ゲーム問題発見モデルの授業事例①

5年 倍数
▶倍数の意味と性質の理解

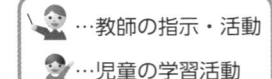

👨‍🏫…教師の指示・活動
🧑‍🎓…児童の学習活動

用意するもの
2の倍数，3の倍数，2と3の公倍数を書いた数カード（掲示用）…合計12枚
3の倍数，4の倍数，3と4の公倍数を書いた数カード（掲示用と児童用）…合計11枚（2人1組でゲームができるように児童数の半分のセットを用意する）

❶ ゲーム活動

T：この数を見てください。（🧑‍🏫数カードを黒板に提示する。順序はばらばら。）

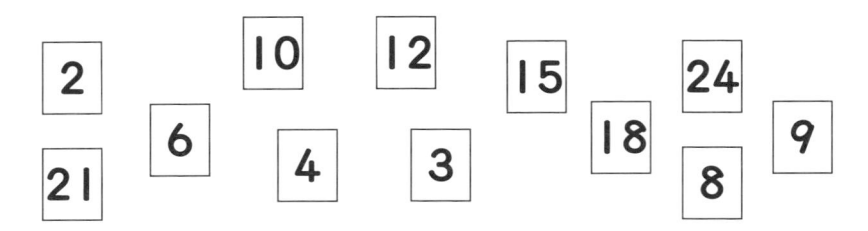

| 2 | 10 | 12 | 15 | 24 |
| 21 | 6 | 4 | 3 | 18 | 8 | 9 |

T：どんな数だと思いますか？
C：偶数かな。
C：奇数もあるよ。
C：全部で12個の数がある。

板書 ゲームを始める様子

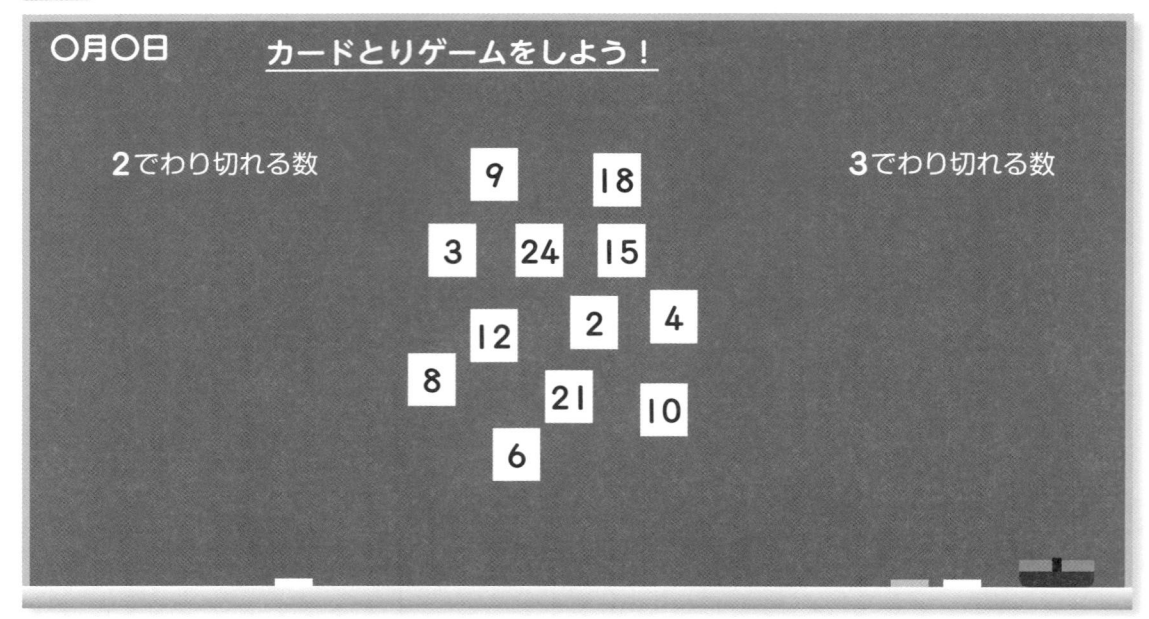

○月○日　　カードとりゲームをしよう！

2でわり切れる数　　　　　　　　　　　　　　　3でわり切れる数

9　18
3　24　15
12　2　4
8　21　10
6

T：これから，ゲームをします。
　　2でわり切れる数と3でわり切れる数を先生と交互に取るゲームです。
　　誰かやりたい人？

C： はい，やりたいです！
（👦児童を1人を指名する。）
T： 2でわり切れる数を取るか，3でわり切れる数を取るか選んでください。交互に取って，最後はどちらがたくさん取れるかの勝負です。取るカードがなくなったら終わりですよ。
C： （じっと数カードを見て）2でわり切れる数にします。
T： どうして2でわり切れる数を選んだのですか？
C： だって，2でわり切れる数の方が多そうだからです。
T： 分かりました。では，先生は3でわり切れる数を取ります。
では，先に取ってください。
C： 2にします。
T： では，先生は6です。
C： それじゃあ，4です。
T： 次はどうしようかな。見ているみんなは，○○さんのことを応援してあげてくださいね。
では，18にします。
C： 10にします。
T： それでは，12です。
C： 8にします。
T： では，先生は24かな。
C： あっ，もう取るカードがない。

❷ 問題が生じる　　　　❸ ゲームの必勝法を考える

T： 残りは，3，9，15，21だから，もう2でわり切れるカードはないですね。残念でした。初戦だから仕方がないけど，これでルールははっきりしましたね。
さあ，次にやりたい人？
C： はい，やりたい，やりたい。
T： よし，○○さんと同じでまた2でわり切れる数でいいですか？
C： いえ，今度は3でわり切れる数がいいです。そっちの方が多いかもしれないから。
（👦児童から何か気付きや発見が出るまで，このゲームを何回か続ける。）
T： いつも先生が勝ちますね。
C： 先生は，いつも6や12を先に取っているよ。
C： 18や24もだよ。
C： そうか。2でも3でもわり切れる数を先に取ってしまえばいいんだ。
C： 例えば3でわり切れるカードを取る場合は，2でわり切れないけど3でわり切れるカードは敵に取られないから，後からゆっくり取ればいいんだね。
C： なるほど。そうだったのか。

❹ 新しい概念の理解

T：必勝法が分かりましたね。今説明してくれたように，ここに提示されている数は，3つに分類できます。2でわり切れる数は「2の倍数」といいます。それでは，3でわり切れる数は何といいますか？

C：3の倍数。

T：そうですね。そして，2でも3でもわり切れる数は何というと思いますか？

C：共通倍数？

T：なるほど。それもいい言葉ですね。実は，「2と3の公倍数」といいます。
　さあ，この黒板の様子を今からノートにしっかり写してみましょう。
　かけたら，もう一度ゲームをしてみたいと思います。

C：先生，かけました。どんなゲームをするの？

T：次は，この数を使います。3の倍数と4の倍数を取るゲームです。

（👨‍🏫 数カードを黒板に提示する。また，児童2人につき数カードを1組渡す。）

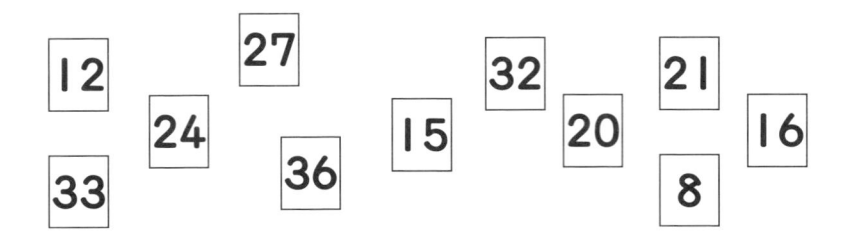

12	27		32	21	
24		15	20		16
33	36			8	

板書 ゲームの必勝法をまとめた様子

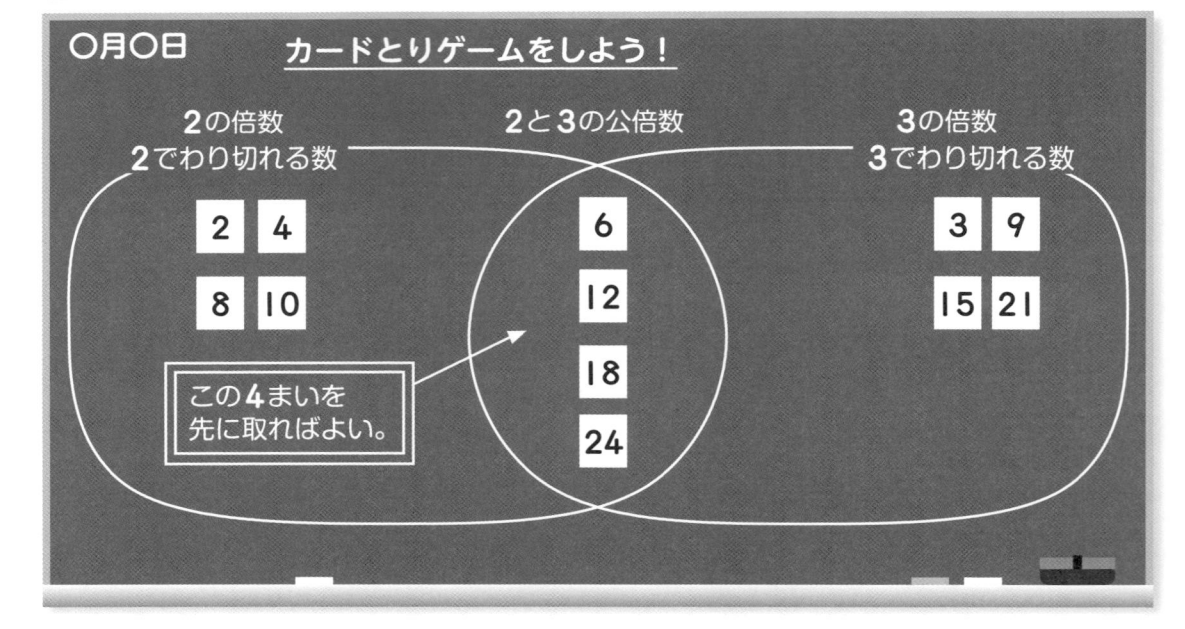

○月○日　　カードとりゲームをしよう！

2の倍数　　　　2と3の公倍数　　　　3の倍数
2でわり切れる数　　　　　　　　　　3でわり切れる数

2の倍数	公倍数	3の倍数
2　4	6	3　9
8　10	12	15　21
	18	
	24	

この**4**まいを先に取ればよい。

T：それでは，まず2人でゲームをしてみてください。必勝法が見つかるでしょうか？
（　しばらく2人組でゲームをする。）
T：では，先生とやってみましょう。やりたい人？
C：はい，やりたいです。絶対勝ちます！
（　何人か交代でゲームをし，倍数や公倍数の感覚をつかむ。）

板書 必勝法を使って次のゲームに取り組む様子

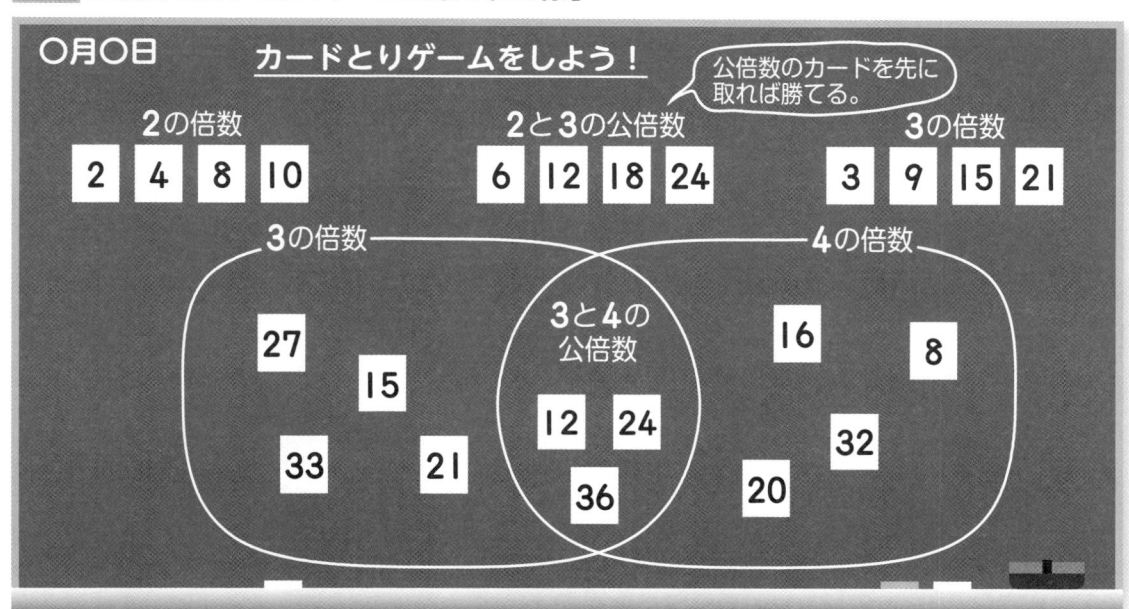

〇月〇日　カードとりゲームをしよう！

公倍数のカードを先に取れば勝てる。

2の倍数　　　2と3の公倍数　　　3の倍数
2　4　8　10　　6　12　18　24　　3　9　15　21

3の倍数　　　　　　　　　　　　4の倍数
　　27　　　　3と4の　　16　　8
　　　15　　　公倍数
　　　　　　　12　24　　　32
　33　　21　　　36　　20

ねらいと解説

＜ねらい＞
ゲームの必勝法を考えることを通して，倍数や公倍数の意味を理解することができる。

＜解説＞
倍数を教える授業は，2でわり切れる数を2の倍数といいます，3でわり切れる数を3の倍数といいます…と教えてしまえばあっという間に終わってしまう。しかし，それは単なる教え込みであり，おもしろくない授業になってしまう。何とか児童が思考しながら倍数の概念を獲得する授業ができないか，倍数の意味をインパクトある形で伝えることができないか，と考えた末，思いついたのがこのゲームであった。
このゲームのよいところは，公倍数を先に取ると勝てるところにある。児童は公倍数という言葉は知らなくても，両方の数でわり切れる数を必死に探して取ろうとする。倍数や公倍数の感覚を自然に身に付けることができるのがよい。
数カードを使うと動かすことができるので，黒板上には自然にベン図を表現することができ，児童にいろいろな角度から倍数を見せることができる。
余談だが，3の倍数と4の倍数を取るゲームは，数カードが11枚なので，必勝法を知ったもの同士がゲームをする場合は，先行が勝つ。「みんなはもう必勝法が分かったんだから，先生が先にやっていい？」こう言って先にやらせてもらうところがユーモアである。

ゲーム問題発見モデルの授業事例②

6年 資料の整理
▶2つの資料のちらばりの比較の仕方

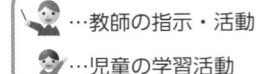

👨‍🏫…教師の指示・活動
🧒…児童の学習活動

用意するもの

黒板に貼れるじゃがいも型のカード(カードの裏にじゃがいもの重さを書く)
　　Aさん…20枚(重さの平均120gで,すべて平均に近い重さにする)
　　Bさん…20枚(重さの平均120gで,重さにばらつきがあるようにする)
Aさん,Bさんのじゃがいもの重さが書いてある表…児童数分

❶ ゲーム活動

T：AさんとBさんがじゃがいも掘りに行きました。
　(🧒じゃがいも型のカードを,重さを書いた面を裏にして,
　Aさんの分,Bさんの分それぞれをかたまりにして貼る。)
T：AさんとBさんが収穫したじゃがいもは,どちらも20個で2.4kgでした。
　(🧒個数と重さを板書する。)
C：個数が同じで,合計の重さも同じなら,
　AさんとBさんのじゃがいもの大きさもほとんど同じだね。
T：AさんとBさんは,収穫したじゃがいもを使って,肉じゃがを作ることにしました。
　肉じゃがには,じゃがいもを360g使います。
　肉じゃがを作るには,およそ何個のじゃがいもが必要ですか？
C：20個で2.4kgだから,2400÷20＝120　で,じゃがいも1個の
　重さは平均120g。360÷120＝3　で,3個必要だと思います。

Point! 平均が同じという点をおさえておく。

板書 AさんとBさんのじゃがいもを並べた様子

○月○日　　　360gをめざして！じゃがいもゲーム

Aさん
20個で2.4kg
肉じゃがを作るのに
360g使います。
何個使えばいいの？
2400÷20＝120
1個の重さ平均120g

Bさん
360÷120＝3
3個くらい使えば
いい。

T：はい，3個でいいですね。
　AさんとBさんは，ゲームをしました。
　それぞれ，自分が収穫したじゃがいもから3個ずつ取って，
　合計の重さが360gに近い方が勝ち，というゲームです。
　では，Aさん役，Bさん役に分かれて，このゲームを実際にやってみましょう。
　（😊Bさん役を児童から選ぶ。Aさん役は教師が行う。）

T：では1回戦です。3個選んでカードをめくりましょう。
　（😊😊Aさん役，Bさん役それぞれが3個選んでカードをめくる。
　選んだカードは，上下に並ぶように貼る。）**(図1)**

(図1)

Aさん　⑫⓪
　　　　⑫⓪
　　　　⑫⑤
　　　　365

Bさん　②⓪⓪
　　　　⑫⑤
　　　　⑭⓪
　　　　465

❷ 問題が生じる

T：合計の重さが360gに近いのはどちらですか？
C：Aさんは，120＋120＋125＝365で，365gだね。
C：Bさんは，200＋125＋140＝465で，465gだ。Aさんの勝ち。
T：では2回戦です。
　（😊😊1回戦と同じように，3枚選んでカードをめくる。）
C：Aさんは，115＋115＋135＝365で，365gだ。
C：Bさんは，190＋80＋110＝380で，380g。またAさんの勝ちだよ。
　（😊😊同様に，3回戦から5回戦を行うと，ほぼAさんの勝ちになる。）
C：なんでAさんばかり勝ちなの。先生ズルしてるんじゃない。
C：はじめに言っていた平均の重さが本当は違うんじゃないかな。確かめたい。
C：残りのカードも全部めくろうよ。

Point!
ゲームの勝敗が，児童が自分で資料を調べたいという動機付けになる。

T：では，全部のじゃがいもの重さを見て，
　平均を確認してみましょう。
　（😊まだめくっていないカードを全部めくる。）
　（😊Aさん，Bさんのじゃがいもの重さの平均を各自計算する。）
C：Aさんは，
　120＋120＋125＋115＋115＋135＋135＋130＋130＋120＋120＋110
　＋100＋105＋115＋100＋115＋125＋140＋125＝2400
　2400÷20≒120で，平均120g。
C：Bさんは，
　200＋125＋140＋190＋80＋110＋100＋125＋80＋80＋100＋100
　＋150＋140＋135＋90＋70＋120＋130＋135＝2400
　2400÷20＝120で，平均120gだ。
C：どちらも合ってるね。ズルじゃなかったんだ。
C：じゃあ，なんでAさんばかり勝つんだろう？

ゲーム問題発見モデルの授業事例②　**6年** 資料の整理（2つの資料のちらばりの比較の仕方）

板書 ゲームを終え，平均を確認した様子

```
〇月〇日            360gをめざして！じゃがいもゲーム
                    20個で2.4kg
             Aさん   肉じゃがを作るのに         120 115 135 120 100
   115 125          360g使います。        5  120 115 130 120 105
     100            何個使えばいいの？     勝 125 135 130 110 115
   125 140          2400 ÷ 20 = 120        ───────────────────
                    1個の重さ平均120g         365 365 395 350 320

             Bさん                            200 190 100  80 150
   90 120 70                                  125  80 125 100 140
     130 135                                  140 110  80 100 135
                    360 ÷ 120 = 3            ───────────────────
                    3個くらい使えば           465 380 305 280 425
                    いい。
```

❸ ゲームの必勝法を考える　　**❹ 新しい概念の理解**

T：では，AさんとBさんのじゃがいもの重さを書いた表を配ります。
　　近くの人と話し合って，Aさんが勝つ理由を考えてみましょう。
　（👩 AさんとBさんのじゃがいもの重さを書いた表を配布する。）
　（🧑 ペアやグループで，Aさんが勝つ理由を考える。）
T：では，Aさんが勝つ理由を誰か教えてください。
C：Aさんは，120gに近いのばかりで，
　　Bさんのじゃがいもは120gから遠いのばかり。
C：Aさんのじゃがいもは，いちばん重いのが140gで，
　　いちばん軽いのが100gだから，140 - 100 = 40で，差が40g。
　　Bさんは，いちばん重いのが200gで，いちばん軽いのが
　　70gだから，200 - 70 = 130で，差が130g。
　　Aさんの方が，Bさんよりいちばん重いのといちばん軽いのとの差が小さい。

> **Point!** 平均が同じでも，資料の分布には違いがあることをおさえる。

C：Aさんは平均の近くに集まっているけど，Bさんはばらつきがある。
　（👦「平均に近い」「平均から遠い」「密集」「ばらつき」などの発言，式表現があれば板書していく。）
T：では，Aさんの方が平均に近くて，Bさんの方が遠いことを，
　　カードを数直線の上に並べて図に表してみましょう。
　（👩 黒板に数直線をかく。）
　（🧑 数直線の上に，カードを並べていく。）

124

板書 ちらばりを確認した様子

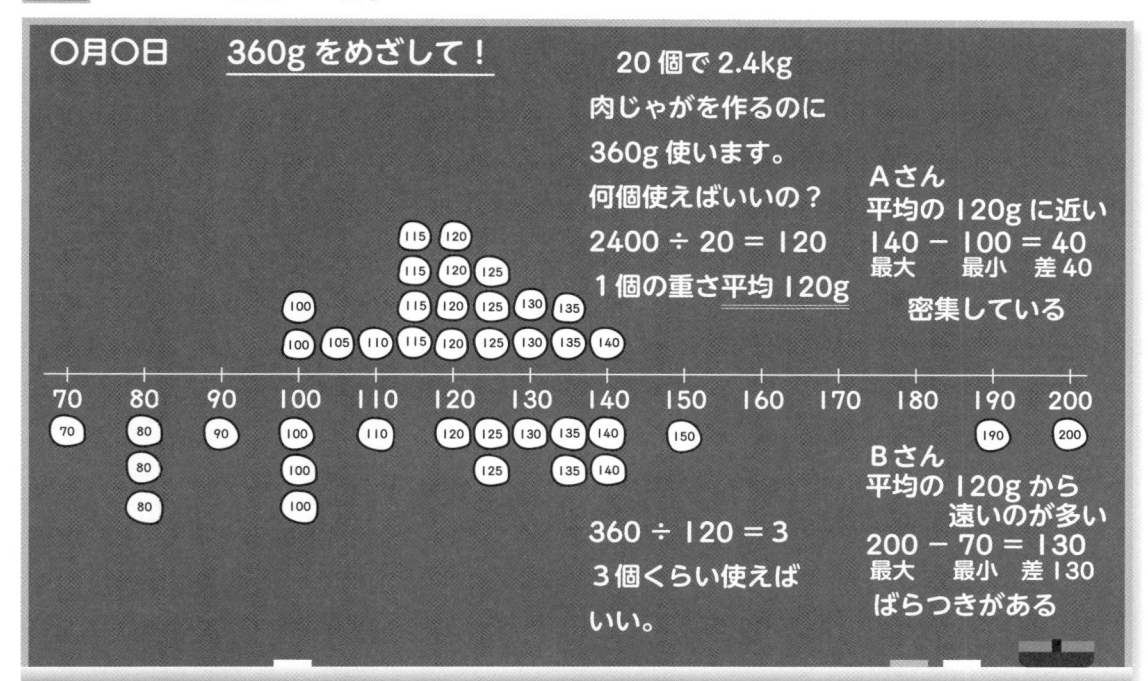

```
○月○日    360gをめざして！    20個で2.4kg
                                肉じゃがを作るのに
                                360g使います。
                                何個使えばいいの？         Aさん
                                2400÷20 = 120          平均の120gに近い
                                1個の重さ平均120g         140 - 100 = 40
                                                        最大  最小  差40
                                                        密集している

70 80 90 100 110 120 130 140 150 160 170 180 190 200

                                360÷120 = 3           Bさん
                                3個くらい使えば          平均の120gから
                                いい。                  遠いのが多い
                                                      200 - 70 = 130
                                                       最大  最小  差130
                                                      ばらつきがある
```

T：では，この図を使って，もう一度AさんとBさんのじゃがいもの重さの違いについて説明してください。
（ 🧒 AさんとBさんのじゃがいもの重さの違いを説明する。）

ねらいと解説

〈ねらい〉
　ある資料の特徴をとらえるときに，代表値である平均値による表し方だけではなく，ちらばりの様子という新たな表し方があることを学ぶ授業である。

〈解説〉
　「資料の整理」の導入は，2クラス分のソフトボール投げの記録などを提示して，「どちらのクラスの記録がよいといえるでしょうか」と問うところから始まることが多い。問いがオープンであるために，児童からさまざまな意見が出て，ねらいであるちらばりの様子に着目させることがなかなか難しい。
　この授業では，まず平均値だけでは特徴が表せない資料を使い，その資料を見て児童が自然にちらばりの様子に注目して考えられるような流れにした。合計の個数と平均値がまったく同じ2つの資料を提示するが，初めは，ひとつひとつの数値は見えないようにしておく。資料を使ってゲームをしていくと，平均は同じはずなのに，一方だけが勝ってしまう。このことによって，児童は自分から資料を調べたくなり，「平均値だけでは比べられない」「平均は同じでも，資料のちらばりの様子が違う」ということに気が付く。
　最後に，数直線の上に資料のひとつひとつを並べ，ちらばりの様子を図としてとらえておく。これによって，今後の度数分布表や，柱状グラフの学習につなげていくことができる。

新提案モデル 8　ミスコンセプションモデル

概念の理解を深めるために。

● 一般的な授業

※2年　分数（簡単な分数（$\frac{1}{2}$）の判別）の例

① 問題提示
正方形の折り紙を半分に折るよう課題を出す。

↓

② 算数的活動
2通りの折り方があることを確認する。

↓

③ 新しい概念の理解
正方形を同じ大きさに2つに分けたときの1つ分を「2分の1」ということを教える。

↓

④ 算数的活動
③の形をもう1回折って開くよう課題を出す。

↓

⑤ 新しい概念の理解
正方形を同じ大きさに4つに分けた1つ分を「4分の1」ということを教える。

↓

⑥ 適用問題
⑤の形をもう1回折って開いたとき，8分の1になることを類推し，説明した後，定義付けする。

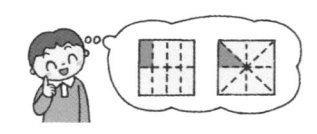

問題点
ア．操作があることはよいのだが，教師の指示通りに操作しているだけなので，児童の意欲が生まれない。
イ．Aを理解するための比較対象nonAがないため，浅い理解に留まる。

問題点を解決するために

👨‍🏫…教師の指示・活動
👧…児童の学習活動

授業事例

- **1年** 10までの数（1対1対応による個数の判断）……………… 128ページ
- **3年** 分数（分数の意味と性質の理解）…………………………… 132ページ
- **5年** 単位量あたりの大きさ（混み具合の比較の仕方）………… 136ページ

★ ミスコンセプションモデルを使った授業

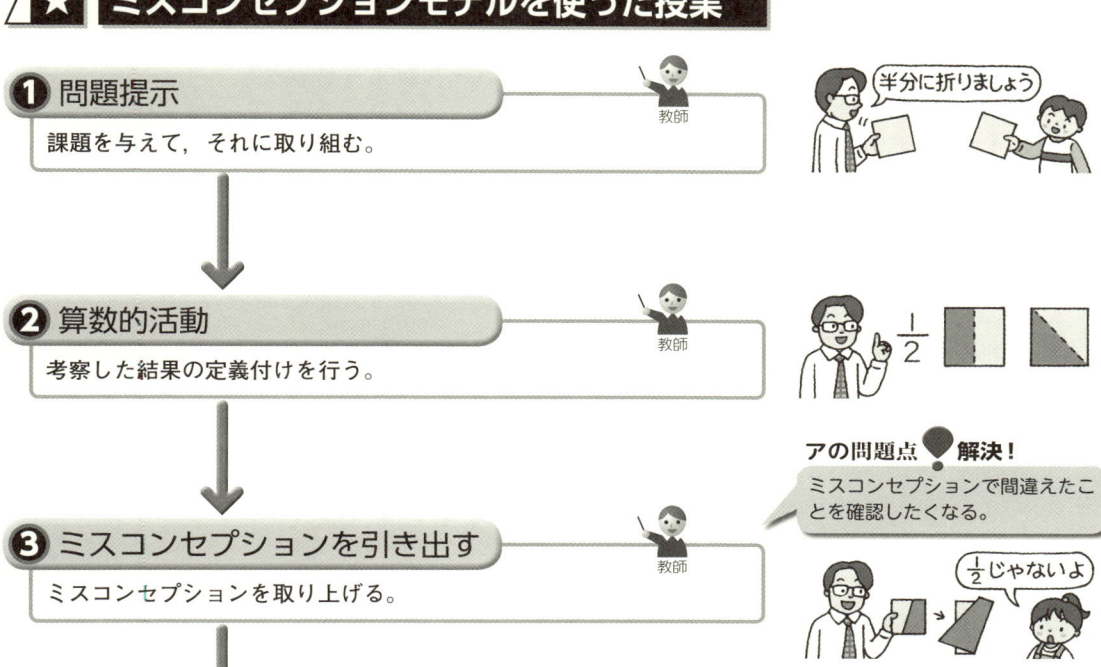

❶ 問題提示
課題を与えて，それに取り組む。
（教師）「半分に折りましょう」

❷ 算数的活動
考察した結果の定義付けを行う。
（教師）$\frac{1}{2}$

アの問題点 解決！
ミスコンセプションで間違えたことを確認したくなる。

❸ ミスコンセプションを引き出す
ミスコンセプションを取り上げる。
（教師）「$\frac{1}{2}$じゃないよ」

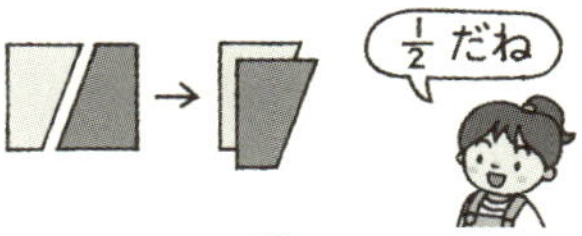

❹ 新しい概念の理解
③の活動を通して，新しい概念の意味理解を深める。
（児童）「$\frac{1}{2}$だね」

イの問題点 解決！
nonAを認識することで，Aへの理解が深まる。

❺ 適用問題
新たなミスコンセプションを取り上げ，課題に取り組む。
（教師・児童）「$\frac{1}{3}$？」

このモデルの 意図 と 特長

概念指導の場合,「似て非なるもの」との比較をすることによって,身に付けたい概念の理解が深まる。そのためには,児童が間違いやすいものをあえて取り上げ,検討することが大切である。教えたい概念に当てはまる事例と似ているが当てはまらない事例との比較をすると,いったんは児童の迷いや間違いが起こるが,授業の終末には「そうか,分かった！」と児童の考えを変化させることが授業であり,学びである。

次のページから授業事例▶

モデル 8 ミスコンセプションモデル

ミスコンセプションモデルの授業事例①

1年 10までの数
▶1対1対応による個数の判断

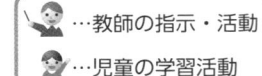

…教師の指示・活動
…児童の学習活動

用意するもの
掲示用ブロック(オモテが青色,ウラがピンク色)…15個,大きめの布,児童用おはじき…1人15個ずつ

❶ 問題提示

(　黒板に大きい布をカーテンのようにかける。)

T：このブロックをカーテンの中に全部入れます。みんな数えられるかな？
　(　15個のブロックを1個ずつオモテが見えるようにカーテンの中に入れて,黒板にばらばらに貼る。そのときにカーテンの中で7個分を裏返し,ピンク色がオモテになるように貼る。)

板書 ブロックとカーテンを使って授業を始める様子

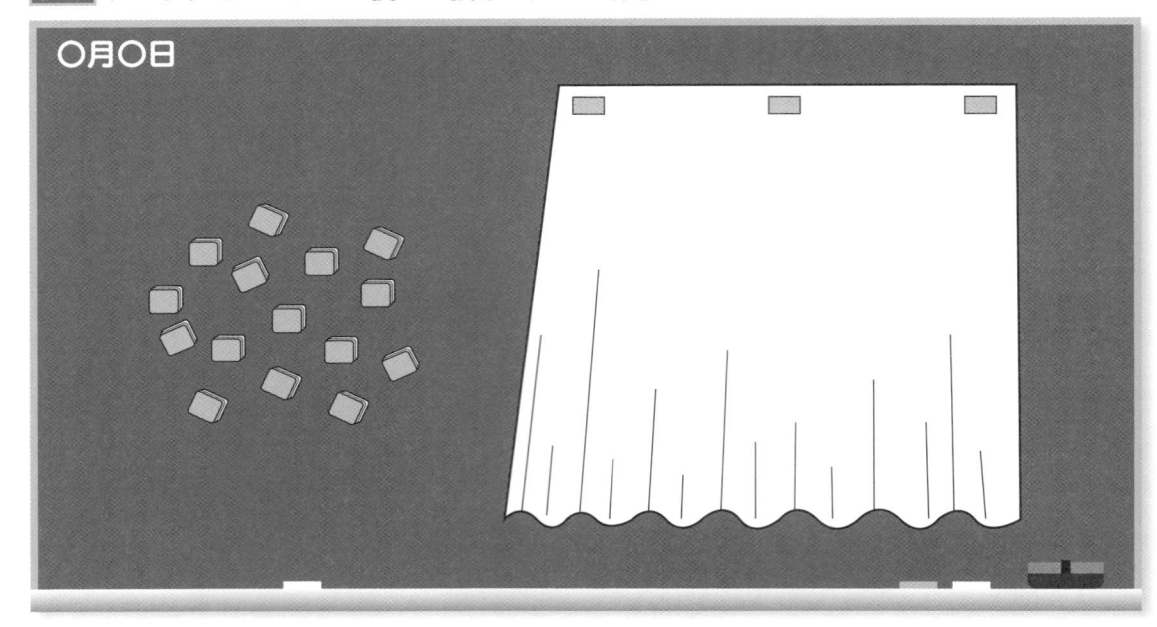

〇月〇日

C：全部で15個。
T：それではカーテンをめくって見てみましょう。
　(　カーテンを一瞬めくる。)
C：えー,ピンク色のブロックがあったよ。
T：そうですね。青色とピンク色のブロックがありましたね。

❷ 算数的活動

T：さて,　青色のブロックとピンク色のブロックではどちらの数が多いでしょう？
　多いと思う方に手を挙げてください。
C：どっちかな？
C：ちょっとしか見れなかったから,どちらが多いか分からないよ。
T：それではもう一度見せます。でも3秒だけですよ。多いと思う方に手を挙げてください。
　(　カーテンを3秒だけめくる。児童に挙手させる。)

C：速いから，分からないよ。
C：もっとたくさん見せてくれないと比べられない。
T：それでは，どちらが多いか，3秒見ただけでも分かるようにブロックを並べられるかな？
C：ブロックをまっすぐに並べればいい。
C：そうだよ。まっすぐに並べれば分かるよ。

> **Point!** 児童が夢中になって考察の対象に働きかける。

❸ ミスコンセプションを引き出す

T：分かりました。ブロックをまっすぐに並べてみましょう。
（🧑‍🏫 カーテンの中でブロックを**(図1)**のように並べ，カーテンを3秒だけめくる。）

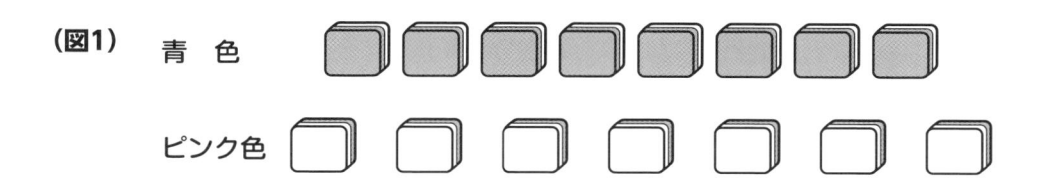

(図1) 青色 ／ ピンク色

T：さあ，今度はどちらが多いか分かりましたか？
C：ピンクの方が多いよ。
T：なぜ，そう思ったのかな？
C：ピンクの方が長かったから。

> **Point!** あえて児童の誤概念を導く。いったん間違った判断を修正し，正しい考え方を児童自らがつくっていく。

❹ 新しい概念の理解

T：みんなも同じように思いましたか？
C：分からないよ。だって，端と端がそろっていなかったから。
T：みんながまっすぐに並べたら分かると言ったでしょ。
C：先生が変な並べ方をしたから分からないよ。
C：今度は僕たちが並べるよ。
（🧑‍🏫 2人くらいの児童を指名する。）
（🧑‍🎓 カーテンの中で並べ替える。）**(図2)**

> **Point!** 児童が，並べ替えたいという気持ちになることがポイント。

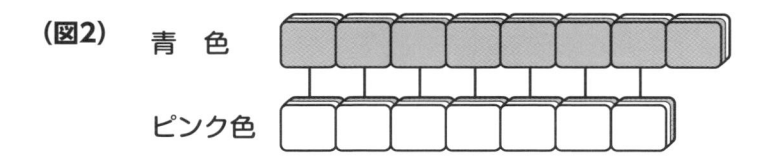

(図2) 青色 ／ ピンク色

C：できたよ。
T：それではもう一度みんなに聞いてみましょう。
（🧑‍🏫 カーテンを3秒だけめくる。）
T：どちらが多いか分かりますか？
C：青色の方が多いよ。

> **Point!** 1対1対応のアイデアを児童から引き出す。

ミスコンセプションモデルの授業事例①　**1年** 10までの数（1対1対応による個数の判断）

C：今度は，端と端がそろっているから比べられる。
C：青色のブロックとピンク色のブロックが1個1個そろっていないと，比べられない。

❶ 問題提示
※本時の授業では，もう1問取り組んだ。

T：そういえば，青色とピンク色のブロックはそれぞれ何個ありましたか？
C：どちらが多いかしか見ていないよ。
C：分からない。
T：それではもう一度3秒だけカーテンをめくります。数えてくださいね。
　（🧑‍🏫 カーテンを3秒だけめくる。）
T：青色とピンク色のブロックはそれぞれ何個ありますか？
C：ピンク色が7個だよ。
C：8個じゃないかな？
C：速すぎて分からない。

❷ 算数的活動

T：今度は数が分かるように並べることができるかな？　自分の手元のおはじきを使って考えてください。
　（🧑‍🏫 児童に考えさせる。その後，児童を指名してほかの児童に見えないようカーテンの中で自分の考えを表現させる。）

※「❸ミスコンセプションを引き出す」は省略

❹ 新しい概念の理解

C：このように並べました。**(図3)**
T：はい。それでは青色とピンク色のブロックはそれぞれ何個ありますか？
　（🧑‍🏫 カーテンを3秒だけめくる。）
C：青色のブロックが8個でピンク色のブロックが7個だよ。
C：今度はすぐに分かったよ。
T：なぜですか？
C：5個のまとまりとあと何個あるかが分かりやすいから。
T：ほかの考え方もありますか？
C：別の並べ方もあるよ。（🧑‍🏫 カーテンの中で並べ替える。）ピンク色のブロックの数を数えてください。**(図4)**

(図3) 青色／ピンク色

(図4) ピンク色

T：ピンク色のブロックは何個ありますか？
　（🧑‍🏫 カーテンを3秒だけめくる。）
C：ピンク色のブロックは，あと3個で10個になるから7個あるよ。
　（🧑‍🏫 同様に青色のブロックにピンク色のブロックを2個くっつけて並べ，青色のブロックの数を聞いてもよい。）

T：いろいろな並べ方がありましたね。ものの数を比べやすく並べたり，数えやすく並べたりすることが大事ですね。

板書 工夫してブロックを並べ替えている様子

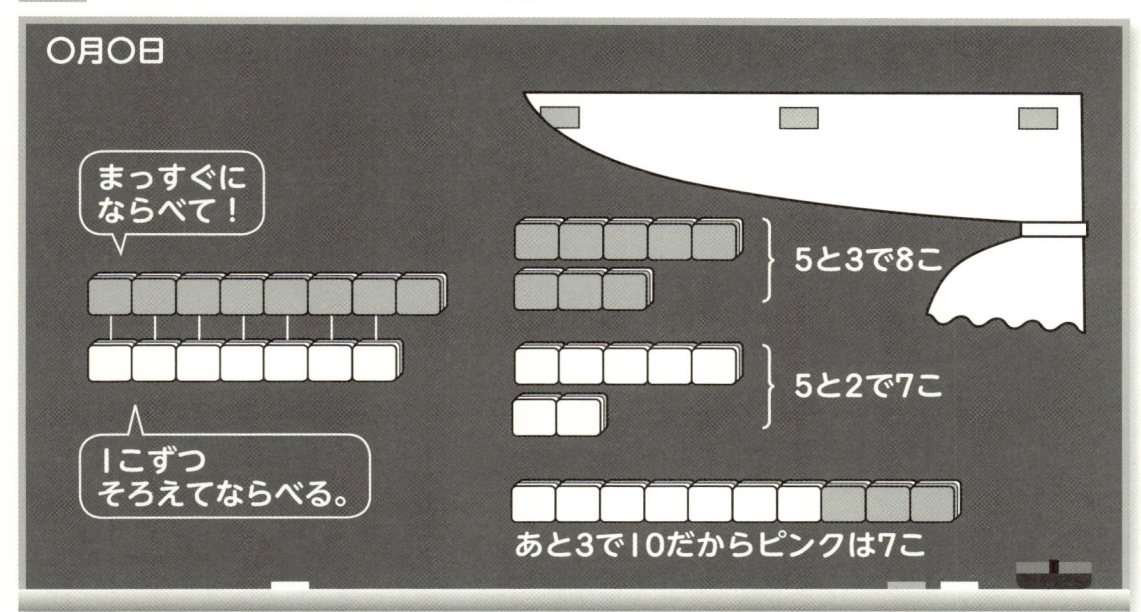

〇月〇日

まっすぐにならべて！

1こずつそろえてならべる。

5と3で8こ

5と2で7こ

あと3で10だからピンクは7こ

※「⑤適用問題」は省略

ねらいと解説

＜ねらい＞

児童にできるだけ楽しく，ものの数を比べたり，数えたりする活動をさせ，その中で児童から自発的に1対1対応のアイデアを引き出すようにする。

＜解説＞

教科書では，例えばちょうちょとお花の挿絵があって，どちらの方が多いかを調べる活動がある。そのときに，ブロックを置いて数えたり，線で結んで大小比較をしたりする。一般に1対1対応の考えは，教師から教えることになっている。

しかし，この1対1対応の考えは，うまく場面を設定すれば児童に考えさせることができるはずである。

本事例では，2種類のブロックの数はどちらが多いかという問題場面において，意図的に1対1対応になっていない並べ方を短い時間見せる。児童は，ブロックの列が長い方が数量が多い，というミスコンセプションの判断をしてしまう。しかし，何度か見せていくうちに，次第に気付く児童が現れるので1対1にきちんと対応した並べ方をしないと，数の大小が判断できないことを説明させる。

さらに，それぞれのブロックがいくつかを考えさせる。瞬間的に見て数をとらえることができる並べ方を考えることで，8＝5＋3，8＝10－2といった見方を育てることができる。

カーテンの中に隠れたブロックを想像する1年生の児童たちの顔は，本当にかわいいものである。ぜひ楽しい授業を創っていただきたい。

ミスコンセプションモデルの授業事例②

3年 分数
▶分数の意味と性質の理解

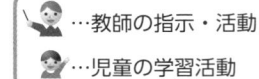

👨‍🏫…教師の指示・活動
🧒…児童の学習活動

用意するもの
40cmに切った厚紙…児童数分，120cmに切った厚紙，85cmに切った厚紙…2人1組に配れるように児童数の半分の枚数（ミスコンセプションを引き出すため，5cmごとにミシン目や太線が入っている紙を使用する）
40cm前後の長さに切ったリボン…児童数分

❶ 問題提示

T：今日は，この1時間だけこのクラスをセイヤマ王国ということにします！
　（王国には授業者の名前を付ける。）
　この王国には，1セイ（40cm）という単位の長さがあります。（単位の名前も自由に決める。）
（🧒1セイを黒板に提示する。）

　　　　1セイ ▭

T：みんなにも配ります。（🧒全員に1セイを配付する。）
C：ありがとうございます。
T：さすが礼儀正しい。よい子たちじゃ。（🧒遊び感覚で劇のように受け渡しをする。）

❷ 算数的活動

T：では，みんながこの単位を使って長さを表すことができるか試してみます。
　この長さは，何セイでしょうか？　まずは，見た目で予想してみましょう。
（🧒黒板に120cmのテープを掲示する。）

C：2セイかな。
C：いや，もっと長いよ。3セイぐらいだと思う。
T：では，誰か実際に測ってもらえますか。
C：はい！　私がやります！
C：1セイが3本分だから，3セイだと思います。
（🧒黒板の前に来て，自分の1セイの単位を使って測る。友だちの1セイを使って，つなげていってもよい。）

　　　　3セイ ▭
　　　　1セイ ▭┄┄┄┄

T：よし。3セイですね。黒板に書いておきます。
　では，この長さはどうでしょうか？（🧒黒板に85cmのテープを掲示する。）

C：今度は，2セイだ！
C：そうだよ，2セイに見える。
T：よし，それでは，誰か確かめてくれますか。

板書 ❶ セイを単位にして長さを調べている様子

○月○日　　　　この時間は，セイヤマ王国！

1セイ ▭

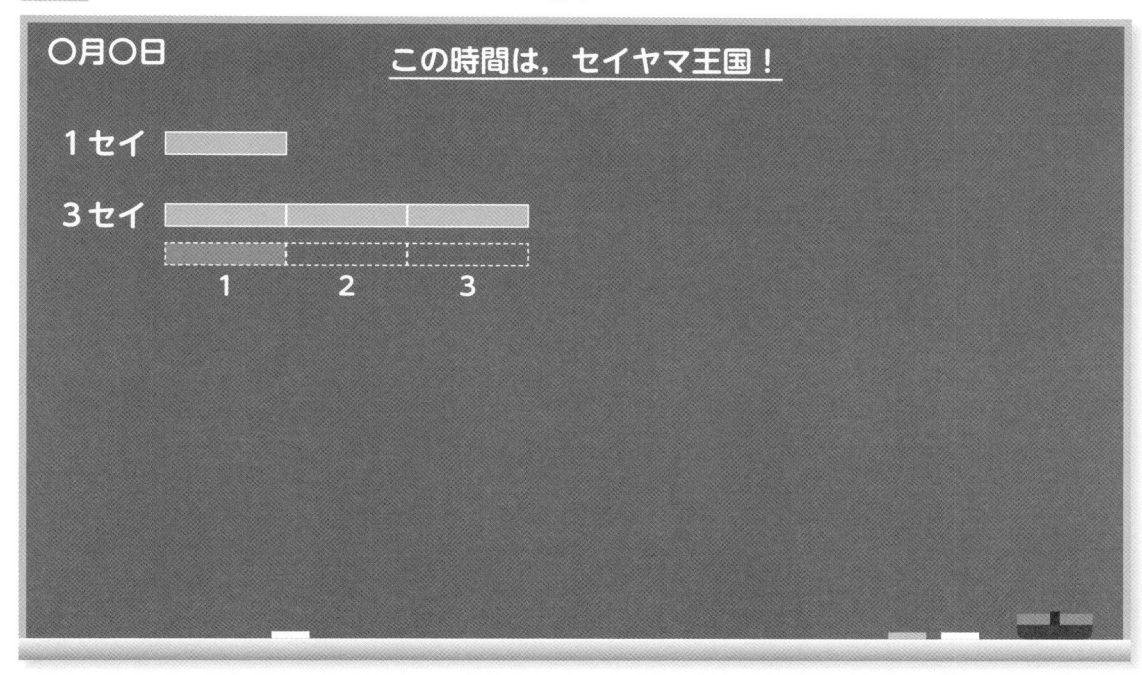

3セイ ▭▭▭
　　　　1　2　3

C：はい，やってみたいです！

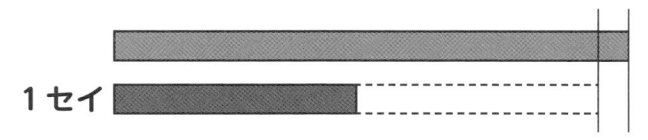

1セイ ▭▬▭

C：あれっ，2セイよりも長いよ。
C：本当だ。ちょっと長い。
C：2セイとちょっとだ。

❸ ミスコンセプションを引き出す　　❹ 新しい概念の理解

T：その，「ちょっと」という長さをどう表せばよいでしょうか？
　　このテープと同じ長さのものを2人に1本配るので，隣の人と一緒に考えてみましょう。
C：分かった。小数を使えばいいんじゃないかな。
C：この小さな正方形1個分だから，2.1セイだと思います。
T：どういうことか，黒板の前で説明してもらえますか。

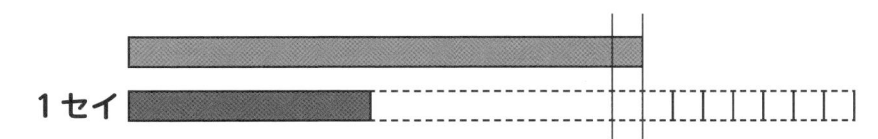

1セイ ▭▬▭┊┊┊┊┊

C：「ちょっと」の長さが，0.1セイってことです。
C：前，はしたを表すのに小数を使ったことがあります。
T：なるほど。今までに学習した小数を使って表すというのは，とてもよいアイデアですね。
　　でも，これは，本当に0.1セイでよいのでしょうか？

133

ミスコンセプションモデルの授業事例② 3年 分数(分数の意味と性質の理解)

C：これは，おかしいよ。だって，10個に分けた1つ分が0.1なのに，この場合は，8個に分けた1つ分になっているよ。

Point!
0.1は，1を10等分したうちの1つ分を表す数であることを確認する。

C：そうか。これは，0.1ではないんだね。
C：それじゃあ，全体を10個に分ければいいのかな。
C：10個に分けてやってみたけど，0.1よりも少し長いよ。
　　小数では表しにくいな。
C：8個に分けた1つ分だから，8分の1でいいんじゃないかな。
C：なるほど。分数で表せばいいんだ。
T：分数で表すのですね。それはよいアイデアです。
　　8分の1をノートに書いてみましょう。
（分子が1の分割分数は，2年生のときに既習だが，読み方と書き方を確認する。）
T：この「ちょっと」の部分が8分の1セイだから，
　　2と8分の1セイですね。
　　これは，「$2\frac{1}{8}$」と書いて，「2と8分の1」と読みます。

③ $\frac{1}{8}$ ① ②

5 適用問題

T：それでは，最後にくじ引きで遊びましょう。全員に1本ずつリボンを引いてもらいます。今まで，3セイ，$2\frac{1}{8}$セイ，という長さが出ました。最後は，見事1セイの長さのリボンを引いたら「あたり」ということにしましょう。
　　引いたら長さを測って表してください。発表してもらいます。
C：どれにしようかな。
C：よし，これだ。1セイか確かめてみよう。
C：あっ，1セイより長いよ。これはどうやって表せばいいのかな？

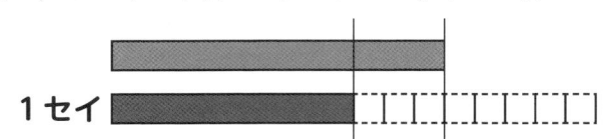

1セイ

T：みんなどう思いますか？
C：8個に分けたうちの3つ分だから，$\frac{3}{8}$セイだと思います。
C：$1\frac{3}{8}$セイです。
C：私は，$1\frac{2}{8}$セイでした。

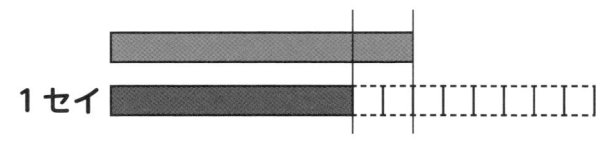

1セイ

T：$\frac{2}{8}$セイを別の分数で表すことはできないでしょうか？
C：半分の半分だから，$\frac{1}{4}$セイです。
C：4個に分けたうちの1つ分だから$\frac{1}{4}$セイです。

板書 分数を使って長さを表している様子

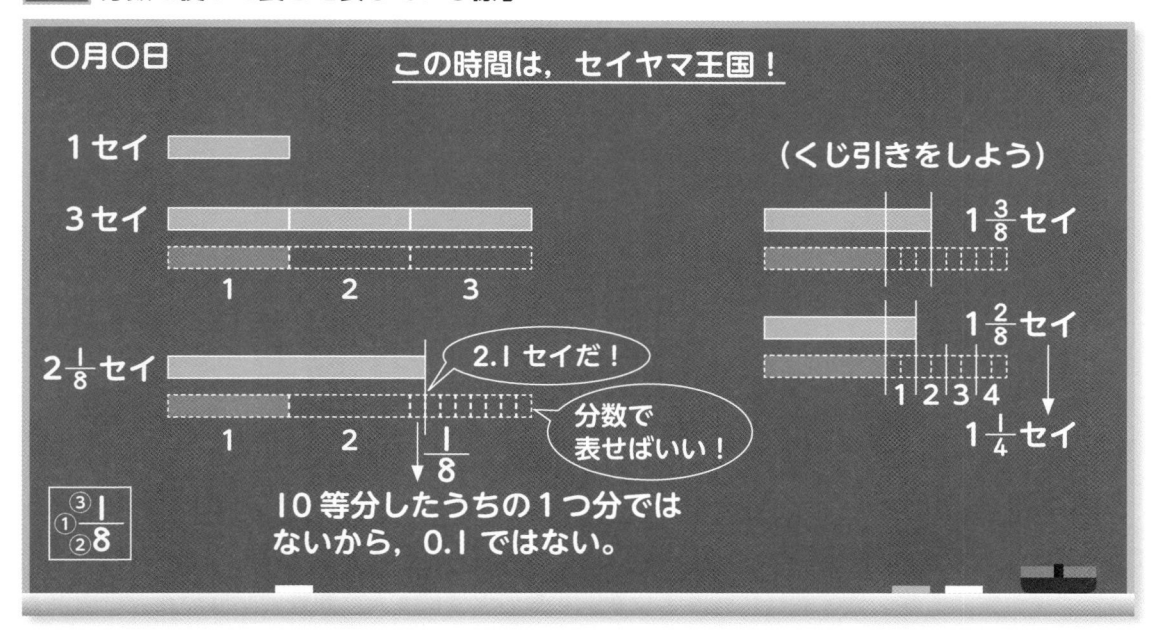

○月○日　　　この時間は，セイヤマ王国！

1セイ　▭

3セイ　┃　┃　┃　┃
　　　　1　2　3

2$\frac{1}{8}$セイ

「2.1セイだ！」
「分数で表せばいい！」

10等分したうちの1つ分ではないから，0.1ではない。

③ $\frac{1}{8}$
①②

（くじ引きをしよう）

1$\frac{3}{8}$セイ

1$\frac{2}{8}$セイ
1 2 3 4
↓
1$\frac{1}{4}$セイ

ねらいと解説

＜ねらい＞
はしたの長さを分数を使って表すことができ，その意味と表し方について理解する。

＜解説＞
小数が既習の場合の展開を想定している。0.1は，10等分したうちの1つ分を表すが，「10等分」の意識が弱い場合，8等分や9等分したうちの1つ分も0.1と表現する可能性がある。それが，児童のもつミスコンセプションである。

今回，あえてそのミスコンセプションを引き出すために，1セイを表す単位を8等分する線（ミシン目）が見える単位を提示した。この単位を使うと，はしたの量を小数で表しにくいので，自然に分数で表す方向に授業が展開される。2年生のときに分子が1になる分割分数を学習しているので，児童にとっては$\frac{1}{8}$という分数に出会うのは初めてではない。はしたの長さを「$\frac{1}{8}$セイ」と表す意味を理解することができるだろう。

そこから次は，分子が1ではない分数を扱う授業展開にするのである。「1セイ」という架空の単位は，「既習から未習へ発展モデル」の小数の導入授業でも使っている。しかし，小数の導入授業のときとは異なり，今回の「1セイ」の意味は，児童のミスコンセプションを引き出すことにある。

ミスコンセプションモデルの授業事例③

5年 単位量あたりの大きさ
▶混み具合の比較の仕方

👨‍🏫…教師の指示・活動
🧒…児童の学習活動

用意するもの
- 畳を6畳，8畳，4畳並べた図をかいた画用紙…1枚ずつ
- 畳を6畳，8畳，4畳並べた図をかいたワークシート…2～4人1組の班に1枚ずつ
- おはじき…教師用10個，2～4人1組の班に10個ずつ

❶ 問題提示

T：次の図を見てください。**(図1)**
　これは何か分かりますか？
C：畳の部屋ですか？
T：そうです。よく分かりましたね。
C：6畳の部屋と8畳の部屋だと思います。
C：おはじきは何ですか？
C：もしかして，人を表しているのかな？
T：そうです。●は人を表しています。
　では，問題です。修学旅行に行きました。6畳の部屋に4人，8畳の部屋に6人で泊まることになりました。

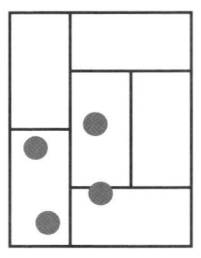

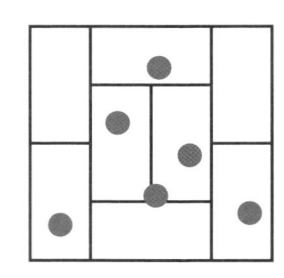

(図1)

　どちらのほうが混んでいますか？

❷ 算数的活動

（👨‍🏫 2～4人1組で班をつくるよう指示し，各班に部屋の図がかいてあるワークシートと，人に見立てたおはじきを配付する。）

T：それでは，しばらく班ごとに考えてみましょう。何かアイデアが出たら，ノートに書いてくださいね。
（👨‍🏫 しばらく考える時間を取る。）

❸ ミスコンセプションを引き出す

T：では，どちらが混んでいるか，全員に聞きますよ。手を挙げてくださいね。
　6畳の方が混んでいると思う人？　8畳の方が混んでいると思う人？　同じ混み具合だと思う人？（🧒 同じ混み具合に手をあげる児童が多い。）
T：「同じ」という人が多かったですね。
　どうして同じと思いましたか？
C：このように，1畳に1人ずつ入れると，両方とも2畳余ります。**(図2)**
　1人分の広さが同じなので，混み具合は同じです。
C：同じ意見です。
T：なるほど，両方とも2畳余らせて，1人分の広さが1畳だから同じ混み具合ということですね。
C：6－4＝2，8－6＝2　だから同じです。

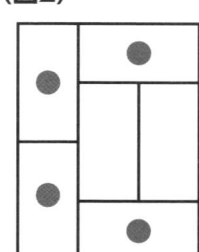

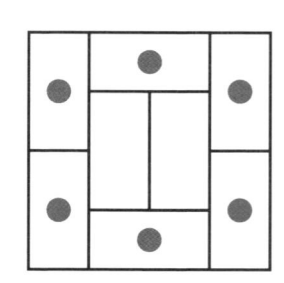

(図2)

136

板書 ミスコンセプションにより誤った予想をしている様子

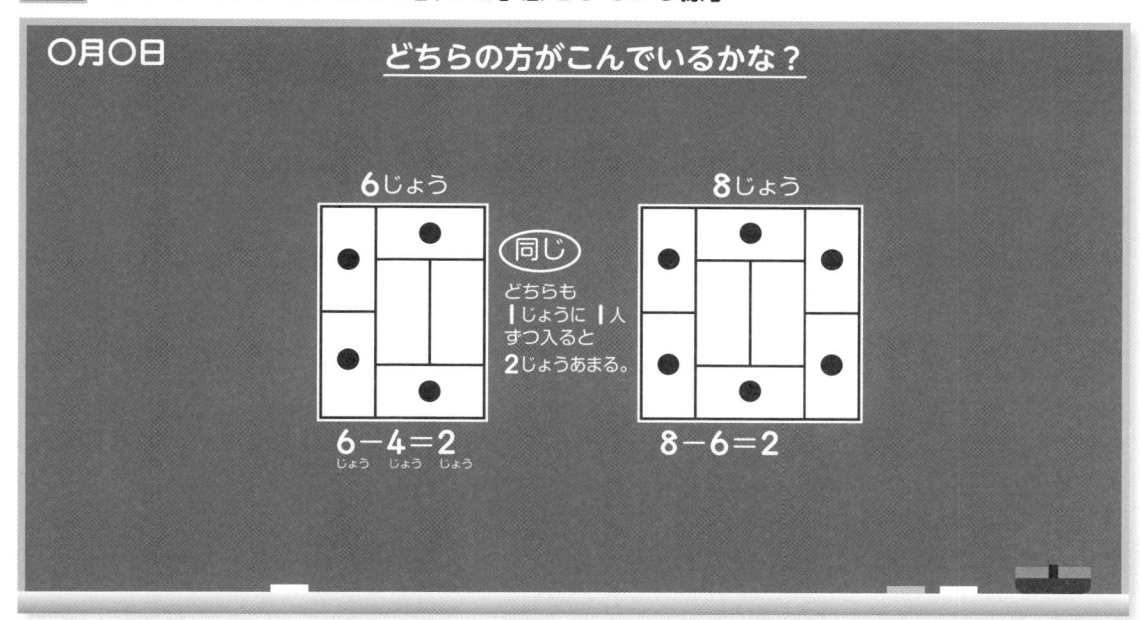

○月○日　　　　どちらの方がこんでいるかな？

　　　　　6じょう　　　　　　　8じょう

　　　　　　　　　同じ
　　　　　　　　どちらも
　　　　　　　　1じょうに1人
　　　　　　　　ずつ入ると
　　　　　　　　2じょうあまる。

　　　　6－4＝2　　　　　8－6＝2
　　　　じょう じょう じょう

T：ひき算で表すことができるのでしょうか。でも，6畳から4人をひくというのはどういう意味ですか？
C：6畳から，人が入っている畳の数4畳をひくと2畳余るということだから，この式でいいと思います。
T：そうですか。それでは，混み具合は同じということでよいですね。
　では，この6畳の部屋と8畳の部屋の混み具合と同じ混み具合の部屋をつくってみましょう。例えば，4畳の部屋があるとしたら，何人で同じ混み具合になりますか？
C：1畳に1人だから，2人かな。おはじきを入れてみよう。**(図3)** (図3)　　　　(図4)
C：でもこれって，全体では1人分が2畳ってことだよね。**(図4)**
　6畳の部屋と8畳の部屋は，1人分が2畳もないよ。
C：6畳の部屋で1人分の面積を考えると，
　6 ÷ 4 = 1.5　　　　1人分1.5畳　　**(図5)**
　8 ÷ 6 = 1.3333…　　1人分約1.3畳
C：8畳の部屋の方が混んでいるということになるね。
C：そうです。8畳の部屋の方が1人分の面積が少ないから，
　混んでいます。
C：もしも4畳の部屋に2人だったら，
　4 ÷ 2 = 2　　1人分2畳　　　　　　　(図5)
　これだとゆったりしているね。

④ 新しい概念の理解

T：最初はひき算を使って差で比べていましたが，それではうまくいかないことに気付いたわけですね。わり算を使って1人分の

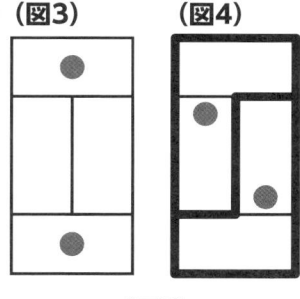

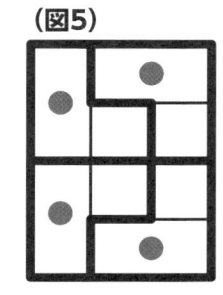

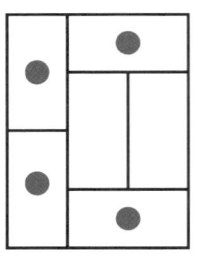

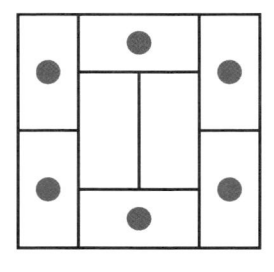

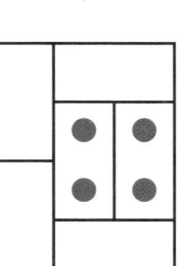

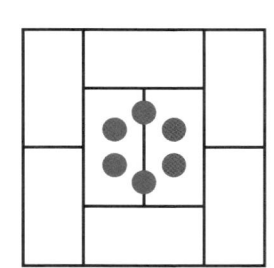

ミスコンセプションモデルの授業事例③　**5年** 単位量あたりの大きさ（混み具合の比較の仕方）

面積で比べた方がよさそうですね。
C：先生，わり算を使って別の方法で比べることができます。
T：どのようなアイデアですか？
C：4÷6と6÷8をします。
T：みんな，この式で求められることは何でしょうか。班の人と考えてみましょう。
　（しばらく考える時間を取る。）
C：分かりました。1畳分の人の数です。
C：どの畳にも平等に人を分けたとき，1畳にどれだけの人が入るかを表す式だと思います。
C：4÷6＝0.6666…　　1畳に約0.7人
　　　6÷8＝0.75　　　1畳に0.75人
　　1畳分の人数が8畳の部屋の方が多いので，8畳の部屋の方が混んでいる。
C：人の数が0.7とか変だけど，数にするとはっきりするね。
T：このように計算してみると，どうも8畳の部屋の方が混んでいるといえそうですね。みんな何か感想はありますか？
C：なんか畳の図におはじきを置いただけだとよく分からなかったけど，こうやって計算して答えを出してみると，はっきりしてどちらが混んでいるかよく分かりました。
C：わり算で比べるとよいことが分かりました。
C：先生，こんなのはダメですか？　8畳の方が混んでいると分かったからいえるんだけど…
T：どんなアイデアですか？
C：あのね，1畳におはじきを1つずつ置いた図でも比べられると思ったんだけど…1人ずつ1畳の部屋にいるとして，ご飯を食べるときに余りの場所に集まるとします。そしたら，6畳の部屋の方は2畳に4人，8畳の部屋の方は2畳に6人になるでしょ。**(図6)**
絶対8畳のほうが狭いよね。だから，8畳の方が混んでいると思います。
C：おー，分かりやすい。
C：余りの場所をみんなで分けるということだね。
C：すごい，これがいちばん分かりやすいんじゃない？
T：では，このアイデアもかいておきましょうね。

(図6)

※「⑤適用問題」は省略

板書 ミスコンセプションを乗り越えて正しく理解する様子

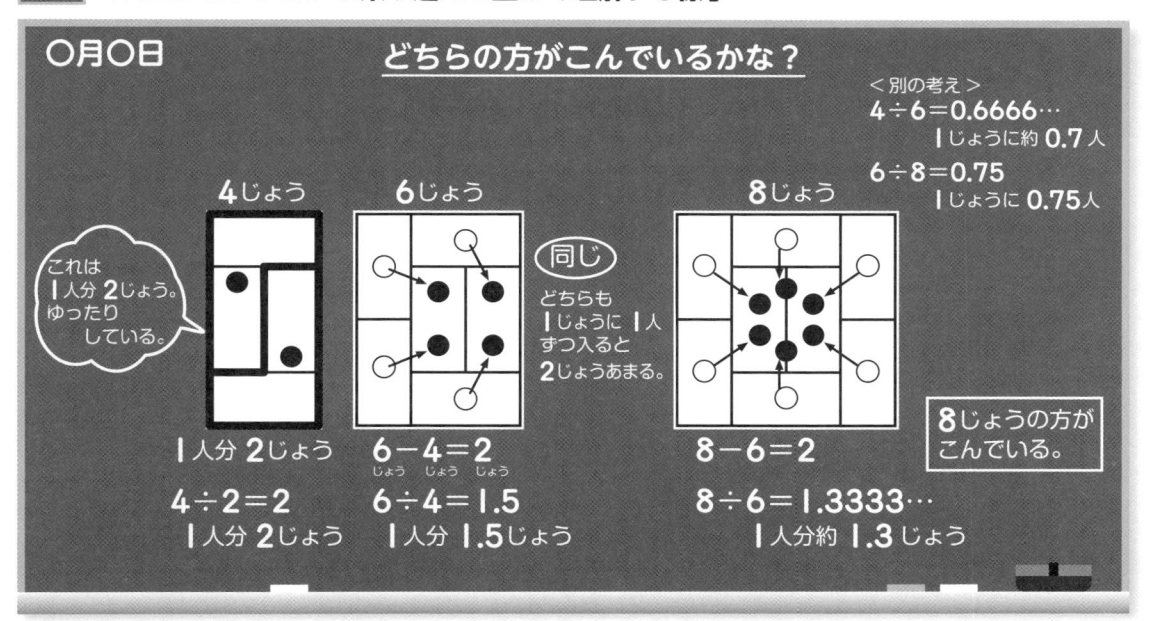

○月○日　　どちらの方がこんでいるかな？

＜別の考え＞
4÷6＝0.6666…
　1じょうに約 0.7人
6÷8＝0.75
　1じょうに 0.75人

4じょう
これは1人分2じょう。ゆったりしている。
1人分 2じょう
4÷2＝2
1人分 2じょう

6じょう
同じ
どちらも1じょうに1人ずつ入ると2じょうあまる。
6－4＝2
6÷4＝1.5
1人分 1.5じょう

8じょう
8－6＝2
8÷6＝1.3333…
1人分約 1.3じょう
8じょうの方がこんでいる。

ねらいと解説

＜ねらい＞

部屋の混み具合を差で比べるというミスコンセプション（誤概念）を乗り越えて，単位量あたりの大きさの考えを使って比べることができる。

＜解説＞

「単位量あたりの大きさ」は，異種の量の割合である。教科書の「割合」の単元の内容は，同種の量の割合である。これらの割合の学習では，差による比較が児童のミスコンセプションとして現れることが知られている。この差による比較の間違いをあえて取り上げ，それが間違いであることを自覚させ，正しく商で比べる方法を見出させる授業が必要である。でなければ，いつまでたっても児童はどこかでつまずく可能性をもって学習を進めていくことになる。

場面として畳の部屋を扱ったのは，児童が1畳ごとに人に見立てたおはじきを入れて比べることを想定してのことである。意図的にミスコンセプションを引き出し，授業の中で対峙させようとしている。

差による比較を乗り越えるための方策は，ほかの場面（極端な場面）をつくることである。もしも部屋が4畳だったら，2畳だったらと考えさせることで，同じ混み具合にならないことに気付かせるようにする。本時の問題だと差で比べてしまうと2畳の部屋で同じ混み具合をつくるとしたら，人がいなくなることになる。

混沌の状態に陥るが，それを抜け出すときに光が見えてくる。そんな概念指導をしたいものである。

大使の言葉
― 算数・数学は何の役に立つのか ―

7年前，中米のホンジュラスという国に行きました。JICAからの要請を受け，算数教育の支援をするプロジェクトに協力するためです。

ある日，ホンジュラスの日本大使館から夕食の招待を受けました。そのとき，日本の大使に

「率直なところ，算数・数学が将来何の役に立つのだろうか」

と尋ねられました。それは，暗に役に立たないのではないか，という意を含んでいました。久しぶりに日本の美味いものが食べられる，と楽しみにして行っただけに，いきなりの難題に戸惑いました。

しばらく黙って考えていると，大使は話を続けました。

「私は小学校から高校まで，受験勉強を含めて随分算数・数学をやった。しかし，大学の法学部に入ってから今まで，ほとんど役に立つことはなかった。特に大学入試では，随分数学をやらざるを得なかった。なのに，文系とはいえ大学に入ってから全く使わないというのはおかしい。」

この話を聞いて，同行した大学の数学教育の先生が懸命に説明を試みましたが，大使を納得させることはできなかったと思います。私は，大使の最後の言葉が印象に残りました。

「算数・数学は，思考力を養うとか，考えることを楽しむ学問である，と素直に言ってしまえばよいのではないかなあ。将来何かの役に立つ，と無理にこじつけようとするから話が難しくなる」

一理ある話です。小学校算数の4年生ぐらいまでの内容は，確かに日常生活に必要な部分があることが認められます。しかし，5，6年生では，日常生活への活用という観点から見た場合，果たして必要だろうか，という内容も出てきます。中学，高校の内容ともなれば，その大部分は，将来理工系の大学，専門家になるもの以

外にはほとんど必要ではないでしょう。また，そう言われても，数学教育者には，反論しうるだけの十分な教育哲学が用意されているとは思えません。でなければ，現代化以降続く算数・数学科の内容の大幅な後退はあり得ないものと考えられます。アジア各国だけでなく欧米の多くの国々が，算数・数学の時間数を増やし，国策として力を入れようとしているときに，日本の現状はあまりにも悲しいものに映ります。

　算数・数学の内容の有用性を反省するとき，表面的には，日常生活への活用には限界があるのではないでしょうか。「表面的」とは，内容的な部分を指しています。例えば，整数の四則計算，基本図形の知識，速さや割合といった概念，統計領域のグラフなど，子どもが日常生活に活用できそうな内容のものがないわけではありません。中学，高校に比べればそれは多いと思います。しかし，現実には子どもの日常生活の問題の中に，算数で学習したことを総合的に活用して対処するような場面はあまり見られないと思います。

　しかし，算数・数学の特性である系統的なつながりを生かし，既習の知識を活用して新しい知識や方法を生み出すという算数内での活用場面は大いにあります。この教科内での活用は，今までも為されてきたことであり，これからも意識して指導されるべきだと思います。

　小学校学習指導要領解説　算数編では，「進んで生活や学習に活用しようとする態度を育てる」の目標の解説項において，家庭や学校，地域社会，将来の社会での「生活」と，これから先の算数・数学や他教科での「学習」の2つを，算数の活用場面として挙げています。それらの場面で算数の学習内容を活用することで，学習が意味のあるものになると説明しています。

　算数の授業を含めて学校教育の中で，意図的に用意された日常生活に関わる問題を，算数を活用して対処していくことは必要です。それは，今までも述べたとおり，学校外の生活圏には，算数を活用する場面が少ないからです。また，算数で学習した知識や技能を活用するには，それを動かす数学的な考え方やアイデアが必要なので，核となる思考を鍛える意味で，子どもたちに活用する経験を積ませることには価値があると思います。

あとがき

　以前,「授業のユニバーサルデザイン研究会」の月例会で講師として招かれて算数のお話をさせていただいたときに,代表の桂聖先生(筑波大学附属小学校)から次のようなことを言われたことを覚えています。
「今日の算数の授業のお話はおもしろいんだけど,盛山さんだけにしかできない授業だったら単なる名人芸で終わってしまう。ほかの先生方がまねできるように,教材についてどう考えればいいのか,どのように授業を創るのかを一般化してほしいんだけど…」
　この言葉がしばらく頭から離れませんでした。私の授業は,決して名人芸ではありません。毎回,研究授業では悩みに悩んで指導案をつくっています。また,反省点,改善点のない授業などしたことがありません。そして今まで,授業は筋書きのないドラマであるから一般化などはできないと思っていました。しかし,桂先生がおっしゃることも理解できました。授業を見てくださった先生方から,「どう考えて授業を創っているのですか?」といったご質問を受けることは,事実少なくなかったからです。
　そこで,とにかく自分の授業を創るときの自分自身の思考をふり返ってみることにしました。普段は,子どもの思考に必死に思いを巡らせながら授業を創っていた私ですが,本書の執筆にあたっては,算数の授業を創るときに自分自身がどのような思考をしているかを考えたのです。思考の対象を自分自身に向けるというのは,不思議な気持ちでした。
　自分の授業の創り方を考えてみると,やはりなんとなくパターンがあることに気付き,代表的な8つのモデルに構成しました。しかし,その意図を紙面に表現することは難しい作業で,私の想いを充分お伝えすることができているか疑問です。もしも,本書のモデルを参考にして授業を実践してみようとされる先生は,ぜひオリジナルのモデルを研究してみていただけたらと思います。
　更なる研究の余地がある内容ということを認識しているのですが,本書を執筆することで,私は算数の授業の創り方の可能性を再認識しました。今回お示しした算数授業の創り方は,全体の数％にすぎないと思います。まだまだ自由に授業方法を創造する領域がたっぷりと残されていると思ったのです。その領域を,これから盛山自身もさらに追究していきたいと思います。
　本書の表紙と裏表紙の写真は,今私が受けもつ子どもたちや,その子どもたちとの授業の様子です。24の事例の多くは,この子どもたちと一緒につくりました。1本1本の授業を思い浮かべると,活躍した子どもの顔や子どものアイデアを思い出します。子どもの笑顔があふれる算数授業,子どもが夢中になる算数授業を創るために,これからもがんばっていきたいと思います。
　最後になりましたが,この本を世に出すにあたり,辛抱強く励ましてくださった光文書院の矢野太郎氏,奥野ちひろ氏,その他お手伝いくださった多くの方々に心から感謝を申し上げます。

2013年5月　新緑の風薫る教室の中,子どもたちに囲まれて

盛山　隆雄

【著者紹介】

盛山　隆雄（せいやま・たかお）
1971年鳥取県生まれ。
学習院初等科教諭を経て筑波大学附属小学校教諭。
全国算数授業研究会理事，基幹学力研究会副代表，日本数学教育学会研究部幹事，志の算数教育研究会（志算研）代表，教科書「小学算数」（教育出版）編集委員。
2011年10月「東京理科大学第4回数学・授業の達人大賞」を受賞，2012年7月志の算数教育研究会（志算研）として「第61回読売教育賞最優秀賞（算数・数学教育）」を受賞。

盛山流 算数授業のつくり方　8のモデルと24の事例
―思考力を伸ばし子どもを夢中にさせる授業を目指して―
ⓒTakao Seiyama

平成25年5月31日　第1版第1刷発行
2020年5月31日　第1版第2刷発行

著　者───────盛山　隆雄
発行者───────長谷川知彦
発行所───────株式会社光文書院
　　　　　　　　〒102-0076　東京都千代田区五番町14
　　　　　　　　電話 03 - 3262 - 3271(代)
　　　　　　　　https://www.kobun.co.jp/
カバーデザイン──株式会社象形社
本文イラスト───喜屋武 稔，有限会社熊アート
編集協力────株式会社加藤文明社

2013　Printed in Japan　ISBN 978-4-7706-1058-4　C3037
＊落丁・乱丁本は，送料小社負担にてお取り替えいたします。